Sekundarstufe

Prisca Thierfelder

DaZ-Dialoge im Alltag

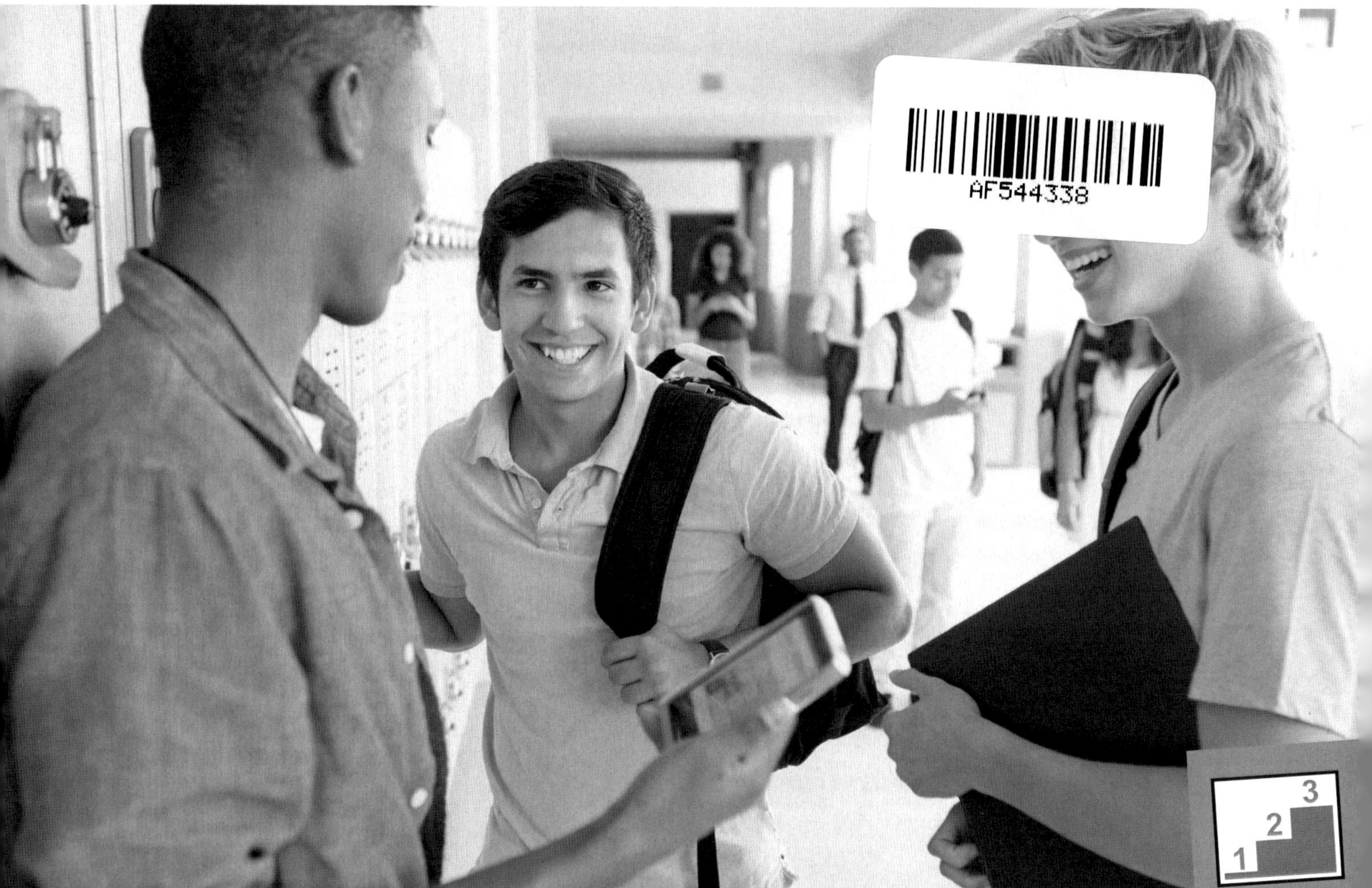

1 2 3

Alltagsszenen sicher bewältigen

www.kohlverlag.de

DaZ-Dialoge im Alltag

Alltagszenen sicher bewältigen

6. Auflage 2024

Inhalt: Prisca Thierfelder
Coverbild: © Monkey Business - AdobeStock.com
Redaktion: Kohl-Verlag
Grafik / Satz: Eva-Maria Noack & Kohl-Verlag
Druck: Druckerei Flock, Köln

Bestell-Nr. 12 256

ISBN: 978-3-96040-423-1

Bildquellen:

Seite 4: © Monkey Business - AdobeStock.com; **Seite 6-35** © DavidMSchrader - AdobeStock.com; **Seite 6-8**: © topntp - AdobeStock.com; **Seite 9**: © pressmaster - AdobeStock.com, © diego cervo - AdobeStock.com; **Seite 10**: © Syda Productions - AdobeStock; **Seite 11**: © Syda Productions - AdobeStock; **Seite 12**: © Ilya - AdobeStock - AdobeStock; **Seite 13**: © Viacheslav - AdobeStock; **Seite 14**: © Viacheslav - AdobeStock; **Seite 15**: © Pavel Losevsky - AdobeStock, © ebenart - AdobeStock; **Seite 16**: © Andriy Bezuglov - AdobeStock, © Von tamu - AdobeStock; **Seite 17**: © Andriy Bezuglov - AdobeStock; **Seite 18**: © ake1150 - AdobeStock; **Seite 19**: © Nailia Schwarz - AdobeStock; **Seite 20**: © Nailia Schwarz - AdobeStock; **Seite 21**: © VadimGuzhva - AdobeStock, © Flavijus Piliponis - AdobeStock.com; **Seite 22**: © nordmann - AdobeStock, © Monet - AdobeStock.com; **Seite 23**: © nordmann - AdobeStock; **Seite 24**: © kameraauge - AdobeStock.com, © pict rider - AdobeStock.com; **Seite 25**: © ajr_images - AdobeStock.com, © niroworld - AdobeStock.com; **Seite 26**: © niroworld - AdobeStock.com; **Seite 27**: © JPC-PROD- AdobeStock.com; **Seite 28**: © Viacheslav Iakobchuk - AdobeStock, © Ljupco Smodovski - AdobeStock.com; **Seite 29**: © Viacheslav Iakobchuk - AdobeStock; **Seite 30**: © Photographee.eu - AdobeStock, © bluebat - AdobeStock; **Seite 31**: © petzshadow - AdobeStock, © bluebat - AdobeStock; **Seite 32**: © petzshadow - AdobeStock; **Seite 33**: © bonniemarie - AdobeStock.com, © famveldmann - AdobeStock.com; **Seite 34**: © Tyler Olson - AdobeStock.com, © taka - AdobeStock.com; **Seite 35**: © taka - AdobeStock.com; **Seite 37**: © PR Image Factory - AdobeStock.com.

Inhalt

Inhalt

Vorwort

Liebe Lehrende und Lernende,

mit den 10 Dialogen zu Themen und Situationen aus dem Alltag haben Sie und Ihre Schüler* ein Werk zur Hand, das wertvolles Rüstzeug für die Praxis ist. Hier erlernen Zuwanderer (Jugendliche und Erwachsene gleichermaßen), sich in verschiedenen Situationen (Am Bahnhof, Nach dem Weg fragen, Im Reisebüro, Beim Arzt, Im Supermarkt, Vorstellungsgespräch etc.) in unserer Sprache auszudrücken und auszutauschen. So haben sie die Möglichkeit, sich schnellstens im realen Leben zurechtzufinden und zu behaupten.

Am Ende überprüfen die Schüler ihr Wissen anhand eines kurzweiligen **Bildpuzzles**: Hier werden Wortpaare gesucht und zugeordnet. Die Seiten 36 und 37 werden doppelseitig kopiert. Danach werden die Kärtchen einzeln ausgeschnitten. Nun werden die Wort-/Bildkarten mit den Fragen jeweils auf die richtige Antwort im Gitternetz auf Seite 38 gelegt. Kontrolle: Bild. Richtig? Dann kann es aufgeklebt werden.

Ein Werk aus der Praxis für die Praxis.

Die 10 Themen aus dem Alltag sind folgendermaßen aufgebaut:

3 Seiten pro Thema:

✶ **Ausgangs-/Basisdialog (Schwierigkeitsstufe 1):**
Die eingerahmten Wörter zu Beginn des Dialogs werden in die Lücken eingesetzt.

✶✶ **Erweiterter Dialog (Schwierigkeitsstufe 2):**
Die eingerahmten Wörter zu Beginn des Dialogs werden in die Lücken eingesetzt.

✶✶✶ **Dialog identisch mit dem erweiterten Dialog, jedoch nur Stichwörter auf Partnerkarten (Schwierigkeitsstufe 3):**
Die Lernenden verfassen und/oder präsentieren einen Dialog mithilfe der Angaben auf den Partnerkarten.

Die Lösungen ✶✶ und ✶✶✶ sind daher identisch.

Alle Dialoge können in Einzel- oder Partnerarbeit erarbeitet werden.

Es empfiehlt sich, die Dialoge ✶ und ✶✶ zuerst in Einzelarbeit zu erarbeiten und zu verschriftlichen. Danach werden sie in Partnerarbeit eingeübt und präsentiert.

Die Dialoge ✶✶✶ können direkt mit einem Partner ausgearbeitet werden. Sie sind für leistungsstarke Lernende gedacht.

Kurzweilige Stunden mit motivierten Lernenden, einen aufgelockerten Unterricht dank lebendiger Präsentationen wünschen Ihnen der Kohl-Verlag und

Prisca Thierfelder

[1] *Aufgrund der besseren Lesbarkeit wird im Folgenden die männliche Form Schüler bzw. Lehrer verwendet. Gemeint sind damit jedoch sowohl die weiblichen, als auch die männlichen Personen.*

1 Selma zu Besuch bei Freundin Anni 

esse / wo / Setz / arbeitet / frühstücken / Hattest du eine gute Reise / trinken / wecke / Direktzug

Selma aus Stuttgart verbringt die Ferien bei ihrer Freundin Anni in Hamburg. Es ist der erste Morgen. Selma sitzt bei Annis Mutter in der Küche. Die Mutter bereitet das Frühstück vor. Anni schläft noch.

Mutter: ______________________________ , Selma?

Selma: Ja. Der Zug war pünktlich. Aber ich musste 2x umsteigen.

Mutter: Oh, ________ denn?

Selma: In Mannheim und in Kassel.

Mutter: Gibt es da keinen ________________?

Selma: Doch, der ist aber teurer.

Mutter: Oh, ich verstehe. – Wie geht es deinen Eltern?

Selma: Mama hat eine neue Arbeit. Sie ______________ im Kindergarten.

Mutter: Und wie geht es deinem Vater?

Selma: Ihm geht es gut. Er arbeitet viel, aber am Wochenende hat er immer Zeit für uns.

Mutter: Das ist schön. Was möchtest du denn ________________, Selma? Möchtest du ein Ei zum Frühstück?

Selma: Nein danke. Ich __________ keine Eier. Aber Wurst und Käse wären toll.

Mutter: Wurst und Käse habe ich schon gerichtet. Was möchtest du ____________?

Selma: Oh, ich hätte gerne ein Glas Orangensaft.

Mutter: Hier bitte. ________ dich doch. Ich __________ mal Annie auf.

1 Mert zu Besuch bei Freund Jonas ✶✶

trinken / musste / Bitte sehr / war / umsteigen / Hast du gut geschlafen / haben / wecken / mache / frühstücken /

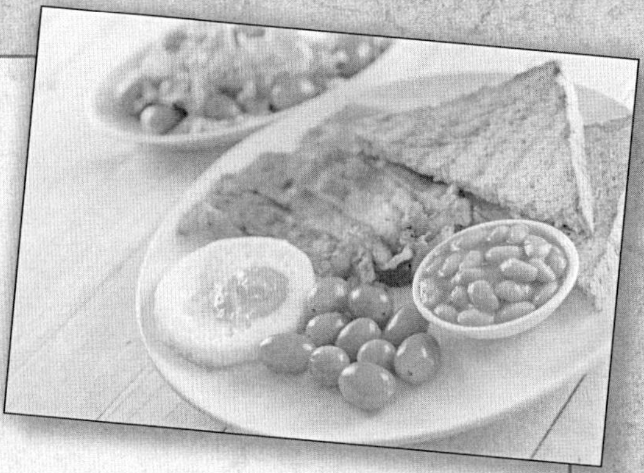

Mert aus Stuttgart verbringt die Ferien bei seinem Freund Jonas in Kiel. Es ist der erste Morgen nach seiner Anreise. Mert sitzt bei Jonas' Mutter in der Küche. Sie bereitet gerade das Frühstück vor. Jonas schläft noch.

Mutter: Guten Morgen, Mert. ______________________________?

Mert: Ja danke. Ich habe wie ein Murmeltier geschlafen.

Mutter: Hattest du eine gute Reise? Wie ______ deine Zugfahrt?

Mert: Ich war sieben Stunden unterwegs und ____________ zweimal umsteigen.

Mutter: Wo musstest du denn ________________?

Mert: In Mannheim und in Hamburg.

Mutter: Ah ja. – Was möchtest du denn ___________________, Mert?

Mert: Was habt ihr denn da?

Mutter: Wir ____________ Wurst, Käse, Obst, Marmelade, Honig und Nuss-Nougat-Crème.

Mert: Lecker! Dann hätte ich gerne ein Brot mit Nuss-Nougat-Crème.

Mutter: Oh, ich habe kein Brot mehr! Ich habe nur noch Knäckebrot. Da muss ich noch schnell zum Bäcker. Magst du lieber helles oder dunkles Brot?

Mert: Ich mag lieber dunkles Brot.

Mutter: Magst du ein Frühstücksei oder ein Spiegelei?

Mert: Nein, danke. Ich hätte gerne noch von den Trauben. Kann ich mir welche nehmen?

Mutter: Natürlich. Und was magst du _____________?

Mert: Ich hätte gerne einen Schwarztee.

Mutter: Mit Milch und Zucker?

Mert: Nur mit Zucker, bitte.

Mutter: Mert, kannst du bitte Jonas ______________, während ich schnell zum Bäcker gehe? Danach können wir alle zusammen frühstücken.

Mert: Ja klar, das ____________ ich.

Mutter: Danke. Das ist lieb von dir.

Mert: ________________! Gern geschehen.

KOHL VERLAG DaZ-Dialoge im Alltag – Bestell-Nr. 12 256

1 Mert zu Besuch bei Freund Jonas 

Partner A (Mutter)

Mert aus Stuttgart verbringt die Ferien bei seinem Freund Jonas in Kiel. Es ist der erste Morgen nach seiner Anreise. Mert sitzt bei Jonas' Mutter in der Küche. Sie bereitet gerade das Frühstück vor. Jonas schläft noch.

- Begrüßung – gut geschlafen?
- -----
- Reise gut? Zugfahrt ok?
- -----
- Umstieg – wo?
- -----
- Frühstück – was?
- -----
- Wurst, Käse, Obst, Marmelade, Honig, Nuss-Nougat-Crème
- -----
- kein Brot – nur Knäckebrot – erst zum Bäcker – Helles oder dunkles Brot mitbringen?
- -----
- Frühstücksei? Spiegelei?
- -----
- Trauben: ja; Zu trinken – was?
- -----
- Tee mit Milch und Zucker?
- -----
- fragt Mert, ob er Jonas wecken kann => dann gemeinsames Frühstück
- -----

Partner B (Mert)

Mert aus Stuttgart verbringt die Ferien bei seinem Freund Jonas in Kiel. Es ist der erste Morgen nach seiner Anreise. Mert sitzt bei Jonas' Mutter in der Küche. Sie bereitet gerade das Frühstück vor. Jonas schläft noch.

- -----
- bedankt sich – hat gut geschlafen
- -----
- Zugfahrt: 7 Std.; 2x umsteigen
- -----
- Umstieg: Mannheim, Hamburg
- -----
- fragt, was da ist zum Frühstück
- -----
- möchte Brot mit Nuss-Nougat Crème
- ----
- dunkles Brot
- -----
- kein Ei – möchte Trauben – fragt, ob er Trauben haben kann
- ------
- Getränk: möchte Schwarztee
- -----
- Tee mit Zucker
- -----
- ja; weckt Jonas
- -----
- sagt „Bitte sehr. Gern geschehen."

2 Im Modegeschäft – Ein T-Shirt für Sarah 

schaue / Gern geschehen / Farben / zeigen / Wo sind die Umkleidekabinen / Kann ich euch helfen / haben / anprobieren

Sarah ist schon ganz aufgeregt. Sie hat am Abend ein Date mit Ali aus ihrer Klasse. Natürlich möchte sie gut aussehen. Dazu braucht sie noch ein neues T-Shirt. Zusammen mit ihrer Schwester Hannah geht sie in die *Jeans Corner* in ihrer Stadt.

Verkäuferin: Hallo. ______________________________ ________________?

Sarah: Ich suche ein helles T-Shirt.

Verkäuferin: Oh, das tut mir leid. Heute Morgen habe ich das letzte in dieser Farbe verkauft.

Sarah: Welche ________________ haben Sie denn da?

Verkäuferin: Wir ______________ gelbe, grüne, orangene und schwarze T-Shirts da.

Sarah: Orange würde mir gefallen. Können Sie mir diese ______________?

Verkäuferin: Ja, hier im Regal. Welche Größe haben Sie?

Sarah: Größe S.

Verkäuferin: Es tut mir leid. Ich habe nur noch Größe M da.
Wollen Sie es ________________________?

Sarah: Ja. ____?

Verkäuferin: Da hinten.

Sarah: *(kommt aus der Umkleide)* Es gefällt mir, aber es ist zu groß.

Verkäuferin: Wollen Sie eine andere Farbe nehmen?

Sarah: Nein danke. Ich __________________ in einem anderen Geschäft nach einem hellen T-Shirt. Danke.

Verkäuferin: Bitte. ___________________________. Auf Wiedersehen.

Sarah, Hannah: Auf Wiedersehen.

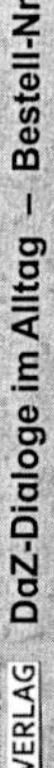

2 Im Modegeschäft – Ein T-Shirt für Nico

vorne / sind / Möchten / suche / Aufdruck / haben / Kommen / klein / anprobieren / Kurzarm / Umkleidekabinen / kostet / helfen /

Nico ist schon ganz aufgeregt. Er hat am Abend ein Date mit Sophia aus seiner Klasse. Natürlich möchte er gut aussehen. Dazu braucht er noch ein cooles T-Shirt. Zusammen mit seiner Schwester Nelly geht er in die *Modebox* in seiner Stadt.

Verkäuferin: Hallo. Kann ich euch ______________?

Nico: Ich ____________ ein cooles Shirt.

Verkäuferin: Langarm oder _______________?

Nico: Kurzarm. Es ist ja warm heute.

Verkäuferin: Ok. Da habe ich welche da drüben in dem Regal.

Nico: Hm. Die sind alle langweilig. Haben Sie auch T-Shirts mit __________?

Verkäuferin: Ja. Dort drüben habe ich ein T-Shirt mit *Superman*-Druck auf dem Rücken.

Nico: Ich möchte gerne den Druck ___________. Haben Sie so etwas da?

Verkäuferin: Ja. Ich habe noch T-Shirts mit coolem Brustdruck. Welche Größe _____________ Sie?

Nico: Größe L.

Verkäuferin: ______________ Sie mit. Welche Farbe hätten Sie denn gern?

Nico: Blau oder schwarz.

Verkäuferin: Oh. Das tut mir leid. Beide Farben _________ nur noch in Größe M da.

Nico: Größe M ist zu __________. Haben Sie noch andere Shirts in meiner Größe?

Verkäuferin: Das T-Shirt fällt aber groß aus. Wollen Sie es mal _________________?

Nico: Ok. Dann möchte ich das schwarze anprobieren. Wo sind die ________________________?

Verkäuferin: Die Treppe runter, dann links.

Nico: *(kommt aus der Umkleide zurück)* Es passt super. Das nehme ich! Was ______________ das?

Verkäuferin: Das kostet 12 EUR.

Nico. *(bezahlt das Shirt)* Hier bitte.

Verkäuferin: Danke. _______________ Sie eine Tüte?

Nico: Nein danke. Auf Wiedersehen.

Verkäuferin: Danke. Auf Wiedersehen.

2 Im Modegeschäft – Ein T-Shirt für Nico

Partner A (Verkäuferin)

Nico ist schon ganz aufgeregt. Er hat am Abend ein Date mit Sophia aus seiner Klasse. Dazu braucht er noch ein cooles T-Shirt. Zusammen mit seiner Schwester Nelly geht er in die *Modebox* in seiner Stadt.

- fragt, ob sie helfen kann
- -----
- Langarm? Kurzarm?
- -----
- zeigt T-Shirts in einem Regal
- -----
- zeigt T-Shirt mit *Superman*-Druck auf dem Rücken
- hat T-Shirts mit coolem Brustdruck; fragt nach Größe
- -----
- bittet Nico, mitzukommen; fragt nach Farbe
- -----
- beide Farben nur in Größe M da
- -----
- T-Shirt fällt groß aus; sie meint, Nico soll es anprobieren
- -----
- Umkleide: Treppe runter, dann links
- -----
- Preis: 12 EUR
- -----
- fragt, ob Nico eine Tüte möchte
- -----
- verabschiedet sich

Partner B (Nico)

Nico ist schon ganz aufgeregt. Er hat am Abend ein Date mit Sophia aus seiner Klasse. Dazu braucht er noch ein cooles T-Shirt. Zusammen mit seiner Schwester Nelly geht er in die *Modebox* in seiner Stadt.

- ------
- sucht cooles T-Shirt
- ------
- Kurzarm. Warmes Wetter.
- -----
- findet T-Shirts langweilig; fragt nach T-Shirts mit Aufdruck
- -----
- möchte T-Shirt mit Druck vorne
- -----
- Größe: L
- -----
- Farbe: blau oder schwarz
- -----
- Größe M zu klein; fragt nach anderen Shirts in Größe L
- -----
- möchte schwarzes T-Shirt anprobieren; fragt nach Umkleidekabinen
- ------
- T-Shirt passt; nimmt es; fragt nach Preis
- -----
- bezahlt T-Shirt
- -----
- möchte keine Tüte; verabschiedet sich
- -----

3 Im Supermarkt – Einkauf für die kranke Mutter 

Kasse / brauche / krank / teuer / im Angebot / ist / Gute Besserung / etwas / Können Sie mir helfen / gehen

Tilda erledigt heute den Einkauf für ihre kranke Mutter. Sie braucht ein paar Lebensmittel und möchte ihrer Mutter frisches Obst mitbringen. Tilda kennt sich im neuen Supermarkt noch nicht gut aus. Sie fragt eine Verkäuferin.

Tilda: Entschuldigung. ______________________________?
Ich kann nicht alle Lebensmittel finden, die ich _______________.

Verkäuferin: Ja, klar. Was brauchen Sie denn?

Tilda: Ich brauche Margarine, Joghurt, Käse und Milch.

Verkäuferin: Da ______________ wir direkt zum Kühlregal.

(Tilda folgt ihr zum Kühlregal.)

Tilda: Super, da ist ja alles da! *(legt die Artikel in den Einkaufswagen)*

Verkäuferin: Brauchen Sie sonst noch _______________?

Tilda: Ja. Ich brauche Bananen und Mangos für meine Mutter.
Sie ist _______________ und braucht Vitamine.

Verkäuferin: Gut. Dann gehen wir jetzt zur Obsttheke.

(Tilda folgt ihr zur Obsttheke.)

Tilda: Die Mangos sind aber ________________. Haben Sie ein anderes Obst im Angebot?

Verkäuferin: Die grünen Äpfel hier sind heute _______________________.
Das Kilo kostet 1,69 EUR.

Tilda: Das ist super. Sind sie saftig?

Verkäuferin: Ja, die sind süß und saftig.

Tilda: Ok. Dann habe ich jetzt alles. Wo bitte ______ die Kasse?

Verkäuferin: Die ______________ ist vorne bei den Eiern links.

Tilda: Vielen Dank. Auf Wiedersehen.

Verkäuferin: Gern geschehen! ____________________________ an Ihre Mutter!

Tilda: Danke.

3 Im Supermarkt – Einkauf für die kranke Oma 

frisches Obst / finden / gehen / Auswahl / Können Sie mir helfen / noch etwas / im Angebot / davon / haben / bezahlen / heute / möchte / Gern geschehen

Joshua erledigt heute den Einkauf für seine kranke Oma.
Sie hat eine Erkältung und liegt im Bett.
Joshua kennt sich im Supermarkt nicht gut aus. Er fragt einen Verkäufer.

Joshua: Entschuldigung. ________________ ________________? Ich kann nicht alle Lebensmittel ______________, die ich brauche.

Verkäufer: Ja, klar. Was brauchen Sie denn?

Joshua: Ich brauche zuerst Margarine, Käse, Joghurt und Milch.

Verkäufer: Da _______________ wir direkt zum Kühlregal.
(Joshua folgt ihm zum Kühlregal.)

Joshua: Super. Hier ist ja alles! *(legt die Artikel in den Einkaufswagen)* Dann brauche ich noch Mehl und Zucker.

Verkäufer: Das haben wir hier gleich rechts.

Joshua: Prima. Dann hätte ich gerne ____________________ für meine Oma.

Verkäufer: Dann gehen wir zur Obsttheke.

Joshua: Oh. Sie haben eine große ________________. Ich nehme die Bananen.

Verkäufer: Gut. Sonst __________________ Gesundes mit Vitaminen?

Joshua: Ja. Noch Äpfel. Sie haben ja viele Sorten! Haben Sie welche ______________________?

Verkäufer: Ja, die grünen dort sind _____________ im Angebot.

Joshua: Die gefallen mir. Ich hätte gerne 1 Kilo _____________.

Verkäufer: Sie sind sehr saftig und schmecken süß.

Joshua: Das klingt gut. Nun ________________ ich noch eine kleine Überraschung für meine Oma mitnehmen. Haben Sie auch Bücher?

Verkäufer: Ja, da vorne bei den Zeitschriften. Da _____________ wir Liebesromane und Tiergeschichten.

Joshua: Super! Meine Oma liebt Liebesromane! – Wo kann ich ______________?

Verkäufer: Dort vorne bei den Süßwaren sehen Sie die Kasse.

Joshua: Oh danke! Vielen Dank für Ihre Hilfe.

Verkäufer: __________________________! Auf Wiedersehen.

Joshua: Auf Wiedersehen!

KOHL VERLAG DaZ-Dialoge im Alltag – Bestell-Nr. 12 256

3 Im Supermarkt – Einkauf für die kranke Oma

Partner A (Joshua)

Joshua erledigt heute den Einkauf für seine kranke Oma. Joshua kennt sich im Supermarkt nicht gut aus. Er fragt einen Verkäufer.

- bittet Verkäufer um Hilfe
- -----
- braucht: Margarine, Käse, Joghurt, Milch
- -----
- braucht noch Mehl und Zucker
- -----
- braucht frisches Obst für Oma
- -----
- findet Auswahl groß; nimmt Bananen
- -----
- braucht: Äpfel - viele Sorten zur Auswahl - fragt nach Angebot
- -----
- möchte 1 Kilo Äpfel
- -----
- möchte kleine Überraschung für Oma; fragt nach Büchern
- -----
- Oma liebt Liebesromane - fragt, wo er bezahlen kann
- -----
- bedankt sich für die Hilfe
- -----
- verabschiedet sich

Partner B (Verkäufer)

Joshua erledigt heute den Einkauf für seine kranke Oma. Joshua kennt sich im Supermarkt nicht gut aus. Er fragt einen Verkäufer.

- ------
- Verkäufer bietet Hilfe an; fragt, was Joshua braucht
- -----
- schlägt vor, zum Kühlregal zu gehen
- -----
- Mehl, Zucker: gleich rechts
- -----
- schlägt vor, zur Obsttheke zu gehen
- -----
- fragt, ob Joshua noch etwas Gesundes mit Vitaminen möchte
- -----
- Angebot: grüne Äpfel
- -----
- grüne Äpfel: sehr saftig und süß
- -----
- Bücher: vorne bei Zeitschriften – Liebesromane und Tiergeschichten
- -----
- Kasse: vorne bei Süßwaren
- -----
- sagt: „Gern geschehen“ - verabschiedet sich
- -----

4 Nach dem Weg fragen – Neueröffnung bei *JOHNNY LOVES SPORTS* ✶

Stunde / sehen / Können Sie mir helfen / Gebäude / kennen / Kreuzung / Minuten / Fuß / biegen / Brücke / gehen / tolle Angebote / eröffnet / ist / wo

Alfonso ist mit dem Bus in der Stadt angekommen. Er hat sich auf den Weg gemacht, weil er im Internet gelesen hat, dass dort heute ein neues Sportgeschäft eröffnet. Nun steht er an der Bushaltestelle und weiß nicht, in welche Richtung er gehen muss. Er kann nicht am Handy nach dem Weg schauen, da sein Akku leer ist. Deshalb fragt er eine ältere Frau, die gerade vorbeiläuft.

Alfonso: Entschuldigung. ____________________________?

Frau: *(Sie hält an.)* Ja bitte?

Alfonso: Heute ________________ ein neues Sportgeschäft in der Stadt. Ich weiß aber nicht, _____ es ist. Haben Sie davon gehört?

Frau: Ja, da komme ich gerade her. Das ist das neue, große ___________ mitten in der Stadt. Das ist direkt am Marktplatz.

Alfonso: Oh, wo _____ denn der Marktplatz?

Frau: Sie __________ den Marktplatz nicht?

Alfonso: Nein, ich bin nicht von hier. Ich bin mit dem Bus gekommen und war eine __________ unterwegs.

Frau: Ah, ich verstehe. Also zum Marktplatz sind es etwa 10 _________ zu ______.

Alfonso: Ok. In welche Richtung muss ich gehen?

Frau: Sie laufen die Straße entlang bis zur ______________.

Alfonso: Ok. Muss ich die Kreuzung überqueren?

Frau: Nein, sie ____________ an der Kreuzung links in die Straße ein. Das ist die *Hermann-Gmeiner-Straße*.

Alfonso: Ok. Und dann?

Frau: Dann überqueren Sie eine kleine _________.

Alfonso: Und nach der Brücke?

Frau: Nach der Brücke ___________ Sie noch eine Weile geradeaus, bis sie den Marktplatz ____________. Dort sehen Sie das Rathaus mit der Turmuhr. Direkt daneben ist das neue Sportgeschäft.

Alfonso: Vielen Dank.

Frau: Gern geschehen! Die haben ______________________ heute.

KOHL VERLAG DaZ-Dialoge im Alltag – Bestell-Nr. 12 256

4 Nach dem Weg fragen – *Asia Street Food Festival* in Bern ✶✶

biegen / komme / weit / nehmen / Vielen Dank für Ihre Hilfe / fährt / hören / zu Fuß / Weile / sehen / Minuten / vorbei / Können Sie mir helfen / Geld wechseln / lecker / sagen

Leni ist gerade mit dem Zug in Bern angekommen. Sie möchte das *Asia Street Food Festival* besuchen, das dieses Wochenende in Bern stattfindet. Sie kann jedoch nicht an ihrem Handy nach dem Weg schauen, da sie kein mobiles Internet hat. Nun steht sie am Bahnhof und spricht eine Frau an, die gerade vorbeiläuft.

Leni: Entschuldigung. ______________________________?

Frau: *(Sie hält an.)* Ja bitte?

Leni: Ich möchte auf das *Asia Street Food Festival*. Können Sie mir ___________, wo das ist?

Frau: Ja, da ____________ ich auch gerade her. Das Essen ist super dort!

Leni: Ist es ________ weg?

Frau: Nein, es sind 15 _____________ zu Fuß.

Leni: Kann ich die Straßenbahn _____________?

Frau: Leider nein. Die Straßenbahn ___________ heute nicht.

Leni: Ok. Dann gehe ich ___________.

Frau: Da vorne am STOPP-Schild _____________ Sie links in die Straße ein.

Leni: Ok. Und weiter?

Frau: Nach einer ___________ sehen Sie eine Kreuzung. Die müssen Sie überqueren.

Leni: Und dann bin ich da?

Frau: Nein. Nach der Kreuzung gehen Sie die zweite Straße rechts. Dort __________ Sie das Stadttheater.

Leni: Und dort ist das Festival?

Frau: Noch nicht. Gehen Sie am Stadttheater ____________. Nach 200 Metern ___________ Sie schon die Musik. Dort ist das Festival.

Leni: Kann ich unterwegs noch __________________? Ich habe nur EURO.

Frau: Das können Sie hier bei der POST. Das ist das große, weiße Gebäude gegenüber vom Bahnhof.

Leni: ____________________________. Einen schönen Tag noch.

Frau: Gern geschehen. Auf Wiedersehen! Und: Probieren Sie die Reisbällchen am Stand von Laos! Die sind sehr ____________!

Leni: *(lacht und winkt)* Danke! Das mache ich.

4 Nach dem Weg fragen – *Asia Street Food Festival* in Bern ✶✶✶

Partner A (Leni)

Leni ist gerade mit dem Zug in Bern angekommen. Sie möchte das *Asia Street Food Festival* besuchen. Sie kann jedoch nicht an ihrem Handy nach dem Weg schauen. Nun steht sie am Bahnhof und spricht eine Frau an.

- bittet eine Frau um Hilfe
- -----
- *Asia Street Food Festival* – Wo?
- -----
- Festival weit entfernt?
- -----
- Mit der Straßenbahn fahren?
- -----
- geht zu Fuß
- -----
- Und weiter?
- ----
- fragt, ob sie dann da ist
- -----
- fragt, ob dort das Festival ist
- -----
- fragt, ob sie unterwegs Geld wechseln kann; hat nur EURO
- ------
- bedankt sich für die Hilfe und wünscht einen schönen Tag
- -----
- lacht und bedankt sich - möchte Essen probieren

Partner B (Frau)

Leni ist gerade mit dem Zug in Bern angekommen. Sie möchte das *Asia Street Food Festival* besuchen. Sie kann jedoch nicht an ihrem Handy nach dem Weg schauen. Nun steht sie am Bahnhof und spricht eine Frau an.

- ------
- hält an und möchte helfen
- -----
- war auch auf Festival – Essen super!
- -----
- Entfernung: 15 Minuten zu Fuß
- -----
- Straßenbahn fährt heute nicht
- -----
- am Stopp-Schild: links in Straße
- -----
- nächste Kreuzung überqueren
- -----
- 2. Straße rechts nach der Kreuzung - dort sieht man Stadttheater
- -----
- am Stadttheater vorbei;
  nach 200 Metern = Musik = Festival
- -----
- Geld wechseln bei POST = großes, weißes Gebäude gegenüber Bahnhof
- -----
- verabschiedet sich - sagt, dass Leni die leckeren Reisbällchen am Stand von Laos probieren soll
- ------

5 Im Restaurant – Hochzeitstag von Tamara und Arthur 

Dessert / herzlichen Glückwunsch / bringen / Platz / Getränk / hätten wir gerne / Linsensalat / lecker / reserviert / Rechnung / empfehlen / Tisch / wünsche / Sie suchen einen Tisch

Tamara und Arthur aus Köln feiern ihren fünften Hochzeitstag. Deshalb hat Arthur für heute Abend einen Tisch in einem schönen Restaurant am Rhein reserviert.

(Tamara und Arthur betreten das Restaurant.)

Kellner: Guten Abend. ____________________________?

Arthur: Mein Name ist *Schwarzkopf*. Ich habe einen Tisch am Fenster für zwei Personen __________________.

Kellner: Ja. Bitte folgen Sie mir. – Hier ist Ihr ___________. Bitte nehmen Sie _________.

Arthur: Vielen Dank. – Oh. Das ist wirklich eine schöne Aussicht!

Kellner: Hier ist die Speisekarte. Darf ich schon ein _______________ bringen?

Arthur: Für meine Frau bitte ein Glas Apfelsaft. Für mich bitte ein Glas Rotwein.

Kellner: Gerne. *(Kellner geht und kommt nach einer Weile wieder zurück.)*

Kellner: Haben Sie gewählt? Was darf ich Ihnen ______________?

Arthur: Wissen Sie, heute ist unser fünfter Hochzeitstag. Wir möchten etwas ganz Besonderes. Können Sie uns etwas ____________________?

Kellner: Oh, __________________________________! Da kann ich Ihnen unseren Partnerteller AMOR für Verliebte empfehlen.

Arthur: Was ist das genau?

Kellner: Das ist Lachs mit Reisnudeln und Gemüse der Saison, dazu eine Avocadosauce.

Arthur: Das _______________________.

Kellner: Gerne. Möchten Sie noch einen Salat dazu?

Arthur: Ja. Ich hätte gerne einen Tomatensalat. Meine Frau möchte einen _________________.

Kellner: *(serviert nach einer Weile das Essen)* Hier bitte.

(Arthur und Tamara essen.
Als sie fertig sind, kommt der Kellner an den Tisch und räumt ab.)

Arthur: Es war sehr lecker. Vielen Dank.

Kellner: Danke. Möchten Sie noch ein ________________?

Arthur: Ja, können Sie uns etwas empfehlen?

Kellner: Das Vanilleeis mit den heißen Himbeeren ist sehr _______________.

Arthur: Dann hätten wir gerne beide Vanilleeis mit heißen Himbeeren.

(Tamara und Arthur haben aufgegessen. Arthur deutet an, dass er bezahlen möchte.)

Arthur: Die __________________ bitte. (*Kellner kommt mit Rechnung.)*

Kellner: Das macht 62 EUR bitte.

Arthur: *(gibt dem Kellner ein paar Geldscheine)* Hier bitte, 70 EUR. Der Rest ist für Sie.

Kellner: Vielen Dank. Ich _________________ Ihnen noch einen schönen Abend.

Arth. /Tam.: Danke gleichfalls. Auf Wiedersehen.

Kellner: Auf Wiedersehen.

5 Im Restaurant – Hochzeitstag von Yade und Justus 

Portionen / empfehlen / bringen / Vorspeise / reserviert / Sicht / wünsche / Der Rest ist für Sie / kann / Getränk / Vegetarier / Dessert / Bitte nehmen Sie Platz / Tisch / Rechnung / hat / Speisekarte

Yade und Justus aus Speyer feiern ihren siebten Hochzeitstag. Deshalb hat Justus für heute Abend einen Tisch in einem schönen Restaurant am Rhein reserviert.

(Yade und Justus betreten das Restaurant.)

Kellnerin: Guten Abend. Sie suchen einen __________?

Justus: Mein Name ist *Santo*. Ich habe einen Tisch für zwei Personen am Fenster mit Blick auf den Rhein und den Dom ______________.

Kellnerin: Ja. Bitte folgen Sie mir. – Hier ist Ihr Tisch. ____________________.

Justus: Vielen Dank. Das ist wirklich eine tolle ___________ auf den *Speyerer Dom*!

Kellnerin: Hier ist die ______________. Darf ich Ihnen schon ein ___________ bringen?

Justus: Für meine Frau bitte einen grünen Tee und für mich ein Glas Rotwein.

Kellnerin: Gerne. *(Kellnerin geht und kommt nach einer Weile wieder zurück)*

Kellnerin: Haben Sie gewählt? Was darf ich Ihnen ___________?

Justus: Wissen Sie, heute ist unser siebter Hochzeitstag. Wir möchten heute etwas ganz Besonderes essen. Können Sie uns etwas _____________?

Kellnerin: Oh, herzlichen Glückwunsch! Da ________ ich Ihnen unseren Partnerteller HERZBLATT für Verliebte empfehlen.

Justus: Was ist das genau?

Kellnerin: Das ist Rumpsteak mit Salzkartoffeln auf Pflaumensoße, dazu Gemüse der Saison.

Justus: Können wir statt Rumpsteak auch Lachs dazu haben? Wir sind ______________.

Kellnerin: Ja, sicher. Möchten Sie noch eine ____________ dazu?

Justus: Ja. Zweimal den Linsensalat mit Fetakäse bitte.

Kellnerin: *(serviert nach der Vorspeise den Partnerteller)* Hier bitte, Ihr Partnerteller zum Hochzeitstag!

(Yade und Justus essen. Als sie fertig sind, kommt die Kellnerin an den Tisch und räumt ab.)

Justus: Das ______ sehr gut geschmeckt. Vielen Dank.

Kellnerin: Danke. Möchten Sie noch ein ___________ oder einen Espresso?

Justus: Gerne ein Dessert. Können Sie uns etwas empfehlen?

Kellnerin: Das Walnusseis mit heißem Pflaumenwein ist sehr lecker. Es ist hausgemacht.

Justus: Das klingt gut. Dann zwei _____________ bitte.

(Yade und Justus haben aufgegessen. Justus deutet an, dass er bezahlen möchte.)

Justus: Die ______________ bitte. *(Die Kellnerin kommt mit der Rechnung.)*

Kellnerin: Das macht 62,50 EUR bitte. Wie möchten Sie bezahlen? Bar oder mit Kreditkarte?

Justus: Bar. *(gibt der Kellnerin ein paar Geldscheine)* Hier bitte, 70 EUR. _________________.

Kellnerin: Vielen Dank. Ich ____________ Ihnen noch einen schönen Abend.

Ya. und Ju.: Danke gleichfalls. Auf Wiedersehen.

Kellner: Auf Wiedersehen.

5 Im Restaurant – Hochzeitstag von Yade und Justus

Partner A (Kellnerin)

Yade und Justus aus Speyer feiern ihren siebten Hochzeitstag. Deshalb hat Justus für heute Abend einen Tisch in einem schönen Restaurant am Rhein reserviert.

- begrüßt das Ehepaar; fragt, ob sie einen Tisch suchen
- -----
- geht voraus, zeigt den Tisch; bittet das Ehepaar, Platz zu nehmen
- -----
- bringt die Speisekarte; fragt nach Getränk
- -----
- möchte Bestellung aufnehmen
- -----
- gratuliert und empfiehlt Partnerteller HERZBLATT
- -----
- HERZBLATT = Rumpsteak, Salzkartoffeln auf Pflaumensoße, Gemüse der Saison
- -----
- Lachs ok; noch eine Vorspeise?
- -----
- nach der Vorspeise serviert sie die Hauptspeise
- fragt nach Dessert oder Espresso
- -----
- Dessert: empfiehlt hausgemachtes Walnusseis mit heißem Pflaumenwein
- -----
- Rechnung: 62,50 EUR; bar oder mit Kreditkarte bezahlen?
- -----
- bedankt sich und wünscht einen schönen Abend
- -----

Partner B (Justus)

Yade und Justus aus Speyer feiern ihren siebten Hochzeitstag. Deshalb hat Justus für heute Abend einen Tisch in einem schönen Restaurant am Rhein reserviert.

- -----
- stellt sich vor (Name: SANTO); hat Tisch reserviert: für 2 Personen, am Fenster, Blick auf Rhein und Dom
- -----
- ist begeistert über die Sicht auf den *Speyerer Dom*
- -----
- Getränke: Y.: Grüntee, J.: Glas Rotwein
- -----
- sagt, dass heute ihr 7. Hochzeitstag ist; fragt, ob Kellnerin etwas empfehlen kann
- -----
- weiß nicht, was HERZBLATT ist
- -----
- J. und seine Frau sind Vegetarier; möchten Lachs statt Rumpsteak
- -----
- Vorpeise: 2 x Linsensalat mit Fetakäse
- -----
- sagt, dass der Partnerteller sehr gut geschmeckt hat
- -----
- fragt, ob die Kellnerin ein Dessert empfehlen kann
- -----
- nehmen beide das Walnusseis - nach dem Dessert möchte Justus bezahlen
- -----
- möchte bar bezahlen; gibt 70 EUR (inkl. Trinkgeld)
- -----
- verabschieden sich

6 Im Reisebüro – Rückflug nach Bristol (*Großbritannien*) 

Plätze / buchen / Tickets / Flughafen / späteren / ausgebucht / Kreditkarte / Was kann ich für Sie tun / Bar / fliegen / sein

Colin aus Bristol ist Austauschschüler in einer deutschen Gastfamilie. Nächste Woche fliegt er wieder nach Hause, doch er hat noch keinen Rückflug gebucht. Das möchte er heute machen und geht ins Reisebüro.

Angestellter:	Guten Morgen. ______________________________?
Colin:	Guten Morgen. Ich möchte einen Flug nach Bristol __________.
Angestellter:	Wann möchten Sie denn ____________?
Colin:	Am 3. Juli. Gibt es da noch freie ____________?
Angestellter:	Es gibt nur noch morgens freie Plätze. Die Flüge am Abend sind schon _______________.
Colin:	Sind die Flüge morgens denn sehr früh?
Angestellter:	Ja. Der erste Flug geht um 7.45 Uhr. Sie sollten aber zwei Stunden früher am ________________ sein.
Colin:	Das ist wirklich sehr früh. Haben Sie keinen _____________ Flug?
Angestellter:	Doch, um 9.10 Uhr. Der ist aber teurer.
Colin:	Dann nehme ich diesen Flug.
Angestellter:	Dann sollten Sie bitte um 7.10 Uhr am Flughafen ________.
Colin:	Ja, ok. Ich nehme den frühen Bus zum Flughafen.
Angestellter:	Gut. Das macht dann 120 EUR. Wie möchten Sie bezahlen? Bar oder mit _________________?
Colin:	_______. *(Er gibt dem Angestellten das Geld.)* Hier bitte.
Angestellter:	Danke. Hier sind Ihre ____________.
Colin:	Dankeschön.
Angestellter:	Auf Wiedersehen. Einen schönen Tag noch.
Colin:	Danke gleichfalls. Auf Wiedersehen.

KOHL VERLAG DaZ-Dialoge im Alltag – Bestell-Nr. 12 256

6 Im Reisebüro – Ferien in Irland 

Rückflug / fliegen / Rückgeld / Landschaft / Flüge / Hotelzimmer / Flughafen / zum / Kreditkarte / empfehlen / vom

Meron und Nathan aus Bremen verbringen ihre Sommerferien in London. Bevor sie nach Hause fliegen, möchten sie noch Irland, die grüne Insel, besuchen. Sie gehen in ein Reisebüro, in dem man Deutsch spricht, und wollen die Flüge nach Irland buchen.

Angestellter: Guten Morgen. Was kann ich für Sie tun?

Meron: Guten Morgen. Wir möchten gerne für ein paar Tage nach Irland ____________. Können Sie uns einen Flughafen in Irland __________________?

Angestellter: Das kommt darauf an, wohin Sie wollen.

Meron: Wir möchten in den Westen. Dort ist die __________________ am schönsten, haben unsere Freunde gesagt.

Angestellter: Nun, der *Ring of Kerry* ist besonders schön. Das ist die Küstenstraße. Von dort aus haben Sie einen gigantischen Ausblick.

Meron: Ja, dort möchten wir gerne hin. Welcher _________________ ist dann am nächsten?

Angestellter: Das ist der *Kerry Airport*.

Meron: Gibt es morgen noch zwei ____________ nach Kerry? Und wie kommen wir ______ Flughafen _______ *Ring of Kerry*?

Angestellter: Ja. Morgen um 8.45 Uhr sind noch zwei Flüge frei. Am Flughafen in Kerry können Sie ein Auto mieten und an die Küste fahren.

Meron: Das klingt super!

Angestellter: Wollen Sie auch ein ___________________ buchen?

Meron: Nein danke. Das machen wir, wenn wir dort sind.

Angestellter: Wollen Sie auch den ________________ buchen?

Meron: Nein danke. Ich weiß noch nicht, wann wir zurückfliegen.

Angestellter: Dann sind das 160 £ für die beiden Flüge.

Meron: Kann ich mit _________________ bezahlen?

Angestellter: Nein, heute leider nicht. Das Kartenlesegerät funktioniert nicht.

Meron: Ok. Hier bitte. *(Meron gibt 200 £.)*

Angestellter: Danke. Und hier sind die Tickets *(Angestellter gibt 40 £ zurück)* und Ihr Rückgeld.

Meron: Danke. Auf Wiedersehen.

Angestellter: Auf Wiedersehen. Guten Flug.

6 Im Reisebüro – Ferien in Irland ✶✶✶

Partner A (Angestellter)

Meron und Nathan aus Bremen verbringen ihre Sommerferien in London. Bevor sie nach Hause fliegen, möchten sie noch Irland besuchen. Sie gehen in ein Reisebüro, in dem man Deutsch spricht, und wollen Flüge nach Irland buchen.

- begrüßt Meron und Nathan
- -----
- Welcher Flughafen? Kommt darauf an, wohin Sie möchten.
- -----
- empfiehlt Ring of Kerry (= Küstenstraße mit gigantischem Ausblick)
- -----
- empfiehlt Flughafen *Kerry Airport*
- -----
- Flüge: morgen, 8.45 Uhr; Fahrt zum *Ring of Kerry*: Auto am Flughafen mieten
- -----
- Hotelzimmer buchen?
- -----
- Rückflug buchen?
- -----
- 160 £ / 2 Flüge
- -----
- Kartenlesegerät kaputt; nur Bargeld
- -----
- bedankt sich - gibt Tickets und 40 £ Rückgeld
- -----
- verabschiedet sich, wünscht guten Flug
- -----

Partner B (Meron)

Meron und Nathan aus Bremen verbringen ihre Sommerferien in London. Bevor sie nach Hause fliegen, möchten sie noch Irland besuchen. Sie gehen in ein Reisebüro, in dem man Deutsch spricht, und wollen Flüge nach Irland buchen.

- -----
- grüßt; sie möchten ein paar Tage nach Irland - an welchen Flughafen in Irland?
- -----
- möchte(n) in den Westen. Landschaft am schönsten, sagen Freunde
- -----
- möchte(n) an *Ring of Kerry*; Welcher Flughafen empfehlenswert?
- -----
- Morgen 2 Flüge nach Kerry? Flughafen ➔ *Ring of Kerry* - Wie?
- -----
- ist begeistert
- -----
- möchte(n) Hotelzimmer vor Ort in Irland buchen
- -----
- kein Rückflug; weiß noch nicht, wann sie zurückfliegen
- -----
- möchte mit Kreditkarte bezahlen
- -----
- gibt 200 £
- -----
- bedankt sich, verabschiedet sich

7 Am Bahnhof – Eine Fahrkarte nach Hamburg 

kostet / Fahrkarte / Zug / fahren / fährt / umsteigen / Hin- und Rückfahrt / bitteschön / Gute Fahrt / kostet / Direktzug / schlafen

Helin steht am Bahnhof. Am Schalter erzählt sie dem Angestellten, dass sie morgen nach Hamburg möchte und dort ins Musical *DER KÖNIG DER LÖWEN* gehen möchte.

Helin: Guten Tag. Wann ____________ denn morgen Züge nach Hamburg?

Angestellter: Guten Tag. Wann möchten Sie denn fahren?

Helin: Nicht ganz so früh. Gegen 10 Uhr.

Angestellter: Es ____________ ein Zug um 8 Uhr und einer um 11 Uhr.

Helin: Dann nehme ich den ________ um 11 Uhr. Muss ich da umsteigen?

Angestellter: Ja. Sie müssen dreimal _________________.

Helin: Oh nein! Haben Sie keinen besseren? Ich möchte nicht umsteigen!

Angestellter: Der Zug um 8 Uhr ist ein ___________________. Da müssen Sie nicht umsteigen. Der ist Ihnen zu früh?

Helin: Nein, dann nehme ich den Zug um 8 Uhr.

Angestellter: Sie können dann ja noch im Zug _______________.

Helin: Ja. Das ist richtig. Wieviel ______________ die Fahrkarte?

Angestellter: Einfache Fahrt?

Helin: Nein. ______________________.

Angestellter: Das _____________ 93 EURO.

Helin: Kann ich bar bezahlen?

Angestellter: Aber natürlich.

Helin: Hier _________________. *(Helin gibt ihm das Geld.)*

Angestellter: Danke. Und hier ist Ihre_________________. *(Er gibt Helin die Karte.)*

Helin: Dankeschön. Einen schönen Tag noch.

Angestellter: Danke. Gleichfalls. ___________________.

7 Am Bahnhof – Eine Fahrkarte nach Berlin 

bitteschön / Gleis 8 / fahren / Rückgeld / umsteigen / nehme / Stunden / kostet / Hin- und Rückfahrt / zurückfahren / fahren / gleichfalls / dauert / um / Direktzug / nach / Sitzplatz

Mattheo möchte am Wochenende nach Berlin reisen. Er hat noch nie den Bundestag gesehen und möchte das deutsche Parlament gerne einmal aus der Nähe sehen. Er ist am Bahnhof und erzählt dem Angestellten, dass er morgen nach Berlin reisen möchte.

Mattheo: Guten Tag. Wann __________ denn morgen Züge ________ Berlin?

Angestellter: Guten Tag. Wann möchten Sie denn fahren?

Mattheo: Ich möchte nicht so früh _________. Gegen 10 Uhr wäre gut.

Angestellter: Es fährt ein Zug um 8.30 Uhr und einer um 11.15 Uhr.

Mattheo: Dann nehme ich den Zug um 11.15 Uhr. Muss ich da umsteigen?

Angestellter: Ja. Sie müssen dreimal _______________.

Mattheo: Oh nein. Gibt es keinen Direktzug?

Angestellter: Doch. Der frühe Zug um 8.30 Uhr ist ein _______________.
Da müssen Sie nicht umsteigen.

Mattheo: Gut. Ich __________ diesen Zug.

Angestellter: Wollen Sie einen _____________ reservieren?

Mattheo: Ist das nötig?

Angestellter: Am Wochenende ist im Zug viel los. Ich würde es machen.

Mattheo: Gut. Dann mache ich das. Wie lange ___________ die Fahrt?

Angestellter: Sie dauert genau 6 __________.

Mattheo: Also komme ich um 14.30 Uhr in Berlin an.

Angestellter: Ja. Um 14.30 Uhr auf _________.

Mattheo: Gut. Wieviel __________ die Fahrkarte?

Angestellter: Einfache Fahrt?

Mattheo: Nein. _________________.

Angestellter: Wann wollen Sie ________________?

Mattheo: Am Sonntag gegen 14 Uhr.

Angestellter: OK. Da fährt ein Direktzug _____ 14.10 Uhr. Nehmen Sie den?

Mattheo: Ja. Das passt prima.

Angestellter: Dann sind das 144 EURO.

Mattheo: *(Er gibt ihm 150 EUR.)* Hier ______________.

Angestellter: Danke. Und hier ist Ihr _____________ und die Fahrkarte.
(Er gibt Mattheo 6 EUR.)

Mattheo: Danke. Einen schönen Tag noch.

Angestellter: Danke _____________. Auf Wiedersehen.

KOHL VERLAG DaZ-Dialoge im Alltag – Bestell-Nr. 12 256

7 Am Bahnhof – Eine Fahrkarte nach Berlin 

Partner A (Mattheo)

Mattheo möchte am Wochenende nach Berlin reisen. Er hat noch nie den Bundestag gesehen und möchte das deutsche Parlament gerne einmal aus der Nähe sehen. Er ist am Bahnhof und erzählt dem Angestellten, dass er morgen nach Berlin reisen möchte.

- begrüßt den Angestellten;
  fragt nach Zügen nach Berlin
- -----
- möchte nicht so früh fahren;
  schlägt 10 Uhr vor
- -----
- möchte Zug um 11.15 Uhr;
  fragt, ob er umsteigen muss
- ----
- fragt nach Direktzug
- -----
- nimmt Zug um 8.30 Uhr
- -----
- fragt, ob Sitzplatzreservierung nötig ist
- -----
- reserviert Sitzplatz;
  fragt, wie lange die Fahrt dauert
- -----
- kommt 14.30 Uhr in Berlin an
- -----
- fragt nach Preis
- -----
- Hin- und Rückfahrt
- -----
- Rückfahrt: Sonntag, 14 Uhr
- -----
- nimmt diesen Zug
- -----
- gibt ihm 150 EUR
- -----
- bedankt sich und wünscht einen schönen Tag
- -----

Partner B (Angestellter)

Mattheo möchte am Wochenende nach Berlin reisen. Er hat noch nie den Bundestag gesehen und möchte das deutsche Parlament gerne einmal aus der Nähe sehen. Er ist am Bahnhof und erzählt dem Angestellten, dass er morgen nach Berlin reisen möchte.

- -----
- begrüßt Mattheo und fragt, wann er fahren möchte
- -----
- schlägt Züge vor: 8.30 Uhr und 11.15 Uhr
- -----
- Zug 11.15 Uhr: 3 x umsteigen
- -----
- Direktzug: 8.30 Uhr (ohne Umsteigen)
- -----
- Sitzplatz reservieren?
- -----
- empfiehlt Reservierung
- -----
- Dauer der Fahrt: 6 Stunden
- -----
- sagt: Ankunft 14.30, Gleis 8
- -----
- einfache Fahrt oder Hin- und Rückfahrt?
- -----
- fragt, wann er zurückfahren möchte
- -----
- Direktzug um 14.10 Uhr
- -----
- Preis: 144 EUR
- -----
- bedankt sich und gibt Rückgeld (6 EUR) und Fahrkarte
- -----
- wünscht dasselbe und verabschiedet sich

8 Beim Arzt – Angina ✶

Hast du Kopfschmerzen / Rezept / bekommst / Ohrenschmerzen / Wie fühlst du dich / Apotheke / fühle / Bett / Mund / Gern geschehen / Hast / habe / Medizin

Amir fühlt sich heute nicht gut. Er hat einen Termin bei seinem Hausarzt Dr. Pust.

Dr. Pust: Hallo Amir. ________________________?
Warum kommst du zu mir?

Amir: Hallo Herr Doktor. Ich __________ mich gar nicht gut.
Ich ________ starke Halsschmerzen beim Reden.

Dr. Pust: Dann mach' mal bitte den __________ auf. Ich schaue mal hinein.

Amir: Und ich habe immer Durst.

Dr. Pust: Oh, da ist alles rot! Das sieht nicht gut aus. _________ du Fieber?

Amir: Ich weiß nicht. Die Hände und die Füße sind kalt.

Dr. Pust: ________________________________?

Amir: Nein. Heute nicht. Ich hatte gestern Kopfschmerzen.

Dr. Pust: Oh. Deine Ohren sind ganz rot. Ich schaue mal in deine Ohren.

Amir: Ja, ich habe ______________________.

Dr. Pust: Oh, da ist alles rot. – Also du hast eine Angina.

Amir: Was kann man da tun?

Dr. Pust: Ich stelle dir ein ______________ aus. Damit gehst du zur
________________.

Amir: Was ist das?

Dr. Pust: Du _______________ ein Spray für den Hals und Ohrentropfen.

Amir: Ich fühle mich so schwach.

Dr. Pust: Zuhause nimmst du deine _______________. Und dann legst du dich ins ________.

Amir: Ja, ok. Danke, Herr Doktor.

Dr. Pust: _____________________. Auf Wiedersehen.

Amir: Auf Wiedersehen.

KOHL VERLAG DaZ-Dialoge im Alltag – Bestell-Nr. 12 256

8 Beim Arzt – Magen verdorben? 

Bett / Durchfall / Tabletten / Rezept / Was kann ich für dich tun / blass / Nach / heiß / gute Besserung / hast / habe / Kühlschrank / Apotheke

Edona ist krank. Ihr ist übel und sie hat Bauchweh. Sie hat die ganze Nacht nicht geschlafen. Heute hat sie einen Termin bei ihrem Hausarzt Dr. Kleem.

Dr. Kleem: Guten Tag, Edona. ________________________?
Wie geht es dir?

Edona: Guten Tag. Mir geht es nicht gut.

Dr. Kleem: Das sehe ich. Ja, du bist ganz __________.

Edona: Mir ist übel. Ich habe mich letzte Nacht übergeben und habe starke Bauchschmerzen.

Dr. Kleem: Oh. – Hast du auch Fieber?

Edona: Nein, meine Stirn ist nicht _________.

Dr. Kleem: Ok. – Hast du _____________, Edona?

Edona: Letzte Nacht hab ich Durchfall gehabt. Jetzt nicht mehr. Jetzt habe ich Bauchkrämpfe.

Dr. Kleem: Das ist ein verdorbener Magen. Was ________ du gestern gegessen?

Edona: Da _________ ich einen grünen Salat mit Joghurtsauce gegessen.

Dr. Kleem: Und danach haben die Bauchschmerzen angefangen?

Edona: Ja, richtig. __________ dem Essen.

Dr. Kleem: Gestern war ein heißer Tag. Vielleicht war die Joghurtsauce zuvor nicht im __________________. Milchprodukte muss man immer kühlen!

Edona: Sie hat auch wirklich nicht gut geschmeckt!

Dr. Kleem: Edona, ich stelle dir ein _____________ aus. Die Medizin wird dir schnell helfen.

Edona: Was ist das?

Dr. Kleem: Das sind _____________ gegen deine Übelkeit und die Bauchschmerzen.

Edona: Danke. Wo ist die nächste ______________?

Dr. Kleem: Vorne an der Ampel. Da siehst du ein rotes Haus. Das ist die Apotheke.

Edona: Danke, Herr Doktor. Ich trinke zuhause einen warmen Tee.

Dr. Kleem: Ja, und danach legst du dich ins ________.

Edona: Ja, das mache ich.

Dr. Kleem: Dann wünsche ich dir _____________________.

Edona: Dankeschön. Auf Wiedersehen.

Dr. Kleem: Gerne. Auf Wiedersehen.

8 Beim Arzt – Magen verdorben?

Partner A (Dr. Kleem)

Edona ist krank. Ihr ist übel und sie hat Bauchweh. Sie hat die ganze Nacht nicht geschlafen. Heute hat sie einen Termin bei ihrem Hausarzt Dr. Kleem.

- begrüßt Edona; fragt, wie es ihr geht
- -----
- sieht, dass Edona ganz blass ist
- -----
- fragt, ob sie Fieber hat
- -----
- fragt, ob sie Durchfall hat
- -----
- denkt, Magen ist verdorben; fragt, was Edona gestern gegessen hat
- -----
- Bauchschmerzen nach dem Essen?
- -----
- gestern: heißer Tag ➔ Joghurtsauce nicht im Kühlschrank? Milchprodukte immer kühlen!
- -----
- stellt Rezept aus; Medizin hilft schnell
- -----
- Tabletten gegen Übelkeit u. Bauchschmerzen
- -----
- nächste Apotheke: an der Ampel: rotes Haus
- -----
- sagt, Edona soll sich ins Bett legen
- -----
- wünscht gute Besserung; verabschiedet sich
- -----

Partner B (Edona)

Edona ist krank. Ihr ist übel und sie hat Bauchweh. Sie hat die ganze Nacht nicht geschlafen. Heute hat sie einen Termin bei ihrem Hausarzt Dr. Kleem.

- -----
- begrüßt Dr. Kleem;
  sagt, dass es ihr nicht gut geht
- -----
- Übelkeit - hat sich nachts übergeben;
  hat starke Bauchschmerzen
- -----
- kein Fieber; Stirn ist nicht heiß
- -----
- Durchfall letzte Nacht; jetzt Bauchkrämpfe
- -----
- grüner Salat mit Joghurtsauce
- -----
- Bauchschmerzen nach dem Essen
- -----
- Joghurtsauce hat nicht gut geschmeckt
- -----
- möchte wissen, was für eine Medizin das ist
- -----
- bedankt sich;
  fragt nach der nächsten Apotheke
- -----
- bedankt sich; trinkt zuhause warmen Tee
- -----
- legt sich zuhause ins Bett
- -----
- bedankt sich; verabschiedet sich

9 Bei der Polizei – Geldbeutel gestohlen 

letzte Mal / Adresse / Wie kann ich Ihnen helfen / Geburtsdatum / Diebstahl / kaufen / Geldbeutel / braunem Leder / Telefonnummer

Rinat betritt die Polizeiwache. Sie ist ganz aufgelöst. Sie kann ihren Geldbeutel nicht mehr finden und glaubt, dass ihn jemand gestohlen hat. Deshalb möchte sie einen Diebstahl anzeigen.

Polizist: Guten Morgen. ______________________________?

Rinat: Ich möchte einen ________________ anzeigen.

Polizist: Was wurde denn gestohlen?

Rinat: Mein ________________. Er ist nicht mehr da!

Polizist: Wann haben Sie ihn das ________________ gesehen?

Rinat: Heute Morgen beim Bäcker.

Polizist: Und wann haben Sie gemerkt, dass er fehlt?

Rinat: Vorhin am Kiosk. Da wollte ich mir ein Eis ____________.

Polizist: Wie sieht der Geldbeutel denn aus?

Rinat: Er ist aus ____________________.

Polizist: Hat er irgendwelche Besonderheiten?

Rinat: Ja. Er hat einen Reißverschluss und einen Sticker mit einem Eichhörnchen.

Polizist: Gut. Dann brauche ich Ihre Personalien. Name, ________________, ______________ und Telefon.

Rinat: Mein Name ist Rinat Kurumli. Ich wohne in der Beethovenstraße 55 in Musterstadt. Ich bin am 11. Oktober 2000 geboren. Meine ____________________ ist 08768/15428501.

Polizist: Danke. Wir melden uns, sobald wir etwas erfahren.

Rinat: Danke. Auf Wiedersehen.

Polizist: Kein Problem. Auf Wiedersehen.

9 Bei der Polizei – Geldbeutel aus Rucksack gestohlen 

Stunde / Wie kann ich Ihnen helfen / Lieblingstier / einen Diebstahl anzeigen / Mann / Mal / Geldbeutel / Leder / Reißverschluss / junger Mann / Rucksack / Telefonnummer / Besonderheiten / Smartphone / Geburtstag

Acelya betritt die Polizeiwache. Sie ist ganz aufgelöst. Ihr Geldbeutel ist verschwunden. Acelya glaubt, dass ihn jemand gestohlen hat. Deshalb möchte sie einen Diebstahl anzeigen.

Polizist: Guten Morgen. ______________________________?
Acelya: Ich möchte ______________________________.
Polizist: Was wurde denn gestohlen?
Acelya: Mein __________________! Er ist nicht mehr da!
Polizist: Wann haben Sie ihn das letzte _______ gesehen?
Acelya: Das war heute Morgen. Da war ich beim Bäcker.
Polizist: Und wann haben Sie bemerkt, dass er fehlt?
Acelya: Vor einer __________. Da wollte ich mir Pommes holen.
Polizist: Ok. Wie sieht Ihr Geldbeutel denn aus?
Acelya: Er ist aus __________ und braun.
Polizist: Solche gibt es viele! Hat er irgendwelche ____________________?
Sticker, Reißverschluss, Streifen oder so?
Acelya: Ja. Er hat einen __________________.
Polizist: Fällt Ihnen noch ein Merkmal ein?
Acelya: Der Geldbeutel hat einen Sticker mit einem Eichhörnchen. Mein ________________!
Polizist: Wo könnten Sie ihn denn verloren haben? Haben Sie eine Idee?
Acelya: Am Pommes-Stand hat mich ein ____________________ angesprochen.
Er hat mich nach dem Weg zum Kino gefragt.
Polizist: Was haben Sie dann gemacht?
Acelya: Ich habe mein ___________ herausgenommen und ihm darauf den Weg gezeigt.
Polizist: Wo war denn das Smartphone?
Acelya: Mist! Es war in meinem _____________.
Polizist: Haben Sie den Rucksack wieder verschlossen?
Acelya: Nein! Ich habe ihn aufgelassen.
Polizist: War auch der Geldbeutel im Rucksack?
Acelya: Ja! Ich denke, der Mann hat ihn mir herausgenommen.
Polizist: Hm. Können Sie den ___________ beschreiben?
Acelya: Nein. Ich erinnere mich nicht.
Polizist: Dann gibt es nicht viel Hoffnung.
Acelya: Was können wir jetzt tun?
Polizist: Was war denn im Geldbeutel?
Acelya: 20 EURO, meine Busfahrkarte und mein Schlüssel.
Polizist: Ich nehme jetzt ihre Personalien auf: Name? _________ ? Adresse? Telefon?
Acelya: Mein Name ist: Acelya Yildiz. Ich bin am 12. April 2000 geboren und wohne in der Mozartstraße 55 in Musterstadt.
Polizist: Ihre ____________________?
Acelya: 08785/1411501
Polizist: Ok. Danke. Wir melden uns, wenn es Neues gibt.
Acelya: Gut, vielen Dank. Auf Wiedersehen.
Polizist: Keine Ursache. Auf Wiedersehen.

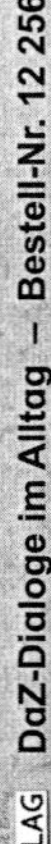

9 Bei der Polizei – Geldbeutel aus Rucksack gestohlen

Partner A (Polizist)

Acelya betritt die Polizeiwache. Sie ist ganz aufgelöst. Ihr Geldbeutel ist verschwunden. Acelya glaubt, dass ihn jemand gestohlen hat. Sie möchte einen Diebstahl anzeigen.

- begrüßt Acelya; fragt, wie er ihr helfen kann
- -----
- fragt, was gestohlen wurde
- -----
- Wann hat sie Geldbeutel zum letzten Mal gesehen?
- -----
- Wann hat Geldbeutel gefehlt?
- -----
- bittet Acelya, Geldbeutel zu beschreiben
- -----
- Geldbeutel: Besonderheiten, z.B. Sticker, Streifen?
- ----
- Geldbeutel: noch andere Merkmale?
- -----
- Geldbeutel: Wo verloren?
- -----
- Was hat Acelya dann gemacht?
- -----
- Handy – Wo?
- -----
- Rucksack wieder verschlossen?
- -----
- Geldbeutel auch im Rucksack?
- -----
- fragt, ob sie den Mann beschreiben kann
- -----
- nicht viel Hoffnung
- -----
- Geldbeutel: Inhalt?
- -----
- Nimmt Personalien auf: Name, Geburtstag, Adresse.
- -----
- Telefonnummer?
- -----
- sagt, Polizei meldet sich, wenn es Neues gibt
- ----
- verabschiedet sich
- ----

Partner B (Acelya)

Acelya betritt die Polizeiwache. Sie ist ganz aufgelöst. Ihr Geldbeutel ist verschwunden. Acelya glaubt, dass ihn jemand gestohlen hat. Sie möchte einen Diebstahl anzeigen.

- ------
- möchte Diebstahl anzeigen
- -----
- sagt, Geldbeutel wurde gestohlen
- -----
- zum letzten Mal gesehen: heute Morgen
- -----
- Geldbeutel hat gefehlt: vor 1 Stunde; Acelya wollte Pommes kaufen.
- -----
- Geldbeutel: Leder, braun
- -----
- Besonderheit: Reißverschluss
- -----
- Merkmal: Sticker mit Eichhörnchen (Lieblingstier)
- -----
- am Pommes-Stand: ein junger Mann hat Acelya angesprochen; hat nach Weg zum Kino gefragt
- -----
- hat Smartphone genommen und Weg gezeigt
- -----
- Smartphone? Im Rucksack!
- -----
- hat Rucksack aufgelassen
- -----
- Geldbeutel im Rucksack; denkt, junger Mann hat ihn herausgenommen
- -----
- erinnert sich nicht
- -----
- Was kann man tun?
- -----
- 20 EUR, Busfahrkarte, Schlüssel
- -----
- Acelya Yildiz, *12.04.2000, Mozartstraße 55, Musterstadt
- -----
- Telefon: 08785/1411501
- ------
- bedankt sich; verabschiedet sich

10 Vorstellungsgespräch – Praktikumsplatz im Zoo 

Gerne / Praktikumsplatz / bin / informiert / Lieblingsfach / Zwei Wochen / zuhause / Beruf / Praktikum / kümmere / Tiere / Erfahrung / bewerben / gehe / beginnt / Zoo

Boran geht in die 8. Klasse der *Anne-Frank-Schule*. Er möchte gerne ein Praktikum im Zoo machen. Heute hat er einen Termin zum Vorstellungsgespräch bei Frau Bühler, der Direktorin des Zoos.

Frau Bühler: Guten Tag, Boran. Du suchst einen ____________________________?

Boran: Guten Tag, Frau Bühler. Ja, ich möchte mich gerne um einen Praktikumsplatz bei Ihnen ____________________.

Frau Bühler: Dann erzähle mal etwas über dich, Boran.

Boran: Ich ________ 14 Jahre alt. Ich ___________ auf die *Anne-Frank-Schule* und bin in der 8. Klasse. Ich mag Tiere. Biologie ist mein ________________________.

Frau Bühler: Hast du schon _____________? Hast du schon ein Praktikum gemacht?

Boran: Ja. Letztes Jahr habe ich ein ________________ bei einem Tierarzt gemacht.

Frau Bühler: Wie lange hat das Praktikum gedauert?

Boran: ___________________. Vom 8. bis 19. April.

Frau Bühler: Gut. – Boran: Warum bist du der Richtige für uns? Was meinst du?

Boran: Also, ich liebe Tiere. Wir haben zwei Hunde und drei Katzen ______________. Später möchte ich Tierpfleger werden. Das ist ein toller ________________!

Frau Bühler: Welche Stärken hast du? Was kannst du besonders gut?

Boran: Ich kann Verantwortung übernehmen. Ich __________________ mich um unsere Hunde. Ich gehe immer mit ihnen Gassi und füttere sie auch.

Frau Bühler: Sag mal, was weißt du denn über unseren _________?

Boran: Ich habe auf der Website geschaut. Hier im Zoo gibt es über 1000 __________ und viele Sachen für Kinder, zum Beispiel eine Kinderführung bei Nacht oder den Kindergeburtstag.

Frau Bühler: Das stimmt. Schön, dass du dich ____________________ hast. – Willkommen in unserem Zoo, Boran! Du hast den Praktikumsplatz!

Boran: Super! Wann __________________ das Praktikum?

Frau Bühler: In vier Wochen. Du kommst am 12. Juli um 8 Uhr zu mir ins Büro. Ok?

Boran: Danke, Frau Bühler. Auf Wiedersehen.

Frau Bühler: __________, Boran. Bitte pünktlich sein am 12. Juli!

10 Vorstellungsgespräch – Praktikumsplatz im Zoogeschäft

Türkei / suchst / gehe / Irland / sprechen / habe / spreche / bin / kannst / liebe / Internet / Hilfe / hast / Lieblingsfächer / spazieren / bewerben

Gamze geht in die 8. Klasse der *Karlheinz-Böhm-Schule*. Sie sucht einen Praktikumsplatz und bewirbt sich heute in einem Zoofachgeschäft, das viele Filialen in Europa hat. Sie hat einen Termin bei Frau Kahlo, der Leiterin der Personalabteilung.

Frau Kaho: Guten Tag, Gamze. Du ________ einen Praktikumsplatz?

Gamze: Guten Tag, Frau Kahlo. Ja, ich möchte mich gerne um einen Praktikumsplatz im Mai bei Ihnen ____________.

Frau Kahlo: Dann erzähle mal etwas über dich, Gamze.

Gamze: Ich _____ 14 Jahe alt. Ich ________ auf die *Karlheinz-Böhm-Schule* und bin in der 8. Klasse. Meine ______________________ sind Englisch und Informatik. Mein Vater kommt aus ___________, meine Mutter aus der ___________.

Frau Kahlo: Dann sprichst du also mehrere Sprachen?

Gamze: Ja. Deutsch, Englisch und Türkisch.

Frau Kahlo: Das ist sehr gut. Wir haben auch viele Kunden, die kein Deutsch _____________. Da brauche ich jemanden, der Fremdsprachen kann.

Gamze: Ich lerne noch Französisch in der Schule.

Frau Kahlo: Super! Gamze, ________ du schon ein Praktikum gemacht?

Gamze: Ja. Letztes Jahr __________ ich im Tierheim gearbeitet.

Frau Kahlo: Wie lange hat das Praktikum gedauert?

Gamze: Zwei Wochen, vom 8. bis 19. Februar.

Frau Kahlo: Engagierst du dich sozial?

Gamze: Ja. Samstags gehe ich mit den Hunden aus dem Tierheim ________________.

Frau Kahlo: Sehr schön! Gamze, warum bist du die Richtige für uns?

Gamze: Weil ich Tiere ___________ und mehrere Sprachen _____________. Und später möchte ich in einem Ihrer Geschäfte arbeiten.

Frau Kahlo: Welche Stärken hast du? Was ____________ du besonders gut?

Gamze: Ich bin zuverlässig und pünktlich. Ich kann Verantwortung übernehmen und passe oft auf meine kleinen Schwestern auf.

Frau Kahlo: Sag mal, was weißt du denn über unser Geschäft?

Gamze: Ich habe im ______________ geschaut. Dort steht, dass es Ihr Geschäft in ganz Europa gibt. Und Sie spenden oft Geld an Tierheime. Das finde ich super!

Frau Kahlo: Ja, wie du siehst, lieben wir Tiere.

Gamze: Ja, das ist wichtig. Tiere brauchen unsere __________.

Frau Kahlo: Richtig. Gamze, du kannst am 2. Mai bei uns beginnen. Wir freuen uns.

Gamze: Oh, danke, Frau Kahlo! Ich freue mich auch!

Frau Kahlo: Auf Wiedersehen, Gamze.

Gamze: Auf Wiedersehen, Frau Kahlo.

10 Vorstellungsgespräch – Praktikumsplatz im Zoogeschäft  

Partner A (Frau Kahlo)

Gamze geht in die 8. Klasse. Sie sucht einen Praktikumsplatz und bewirbt sich in einem Zoofachgeschäft, das viele Filialen in Europa hat. Sie hat einen Termin bei Frau Kahlo, der Leiterin der Personalabteilung.

- begrüßt Gamze und fragt, ob sie einen Praktikumsplatz sucht
- -----
- bittet Gamze, etwas über sich zu erzählen
- -----
- fragt, ob Gamze mehrere Sprachen spricht
- -----
- mehrere Sprachen sprechen = sehr gut; Viele Kunden sprechen kein Deutsch.
- -----
- findet gut, dass Gamze Französisch lernt; fragt, ob sie schon ein Praktikum gemacht hat
- -----
- fragt, wie lange Praktikum gedauert hat
- -----
- fragt, ob sich Gamze sozial engagiert
- -----
- findet soziales Engagement gut - fragt, warum Gamze die Richtige für das Geschäft ist
- -----
- fragt nach Stärken von Gamze; fragt, was sie besonders gut kann
- -----
- fragt, was Gamze über das Geschäft weiß
- -----
- Firma liebt Tiere
- -----
- sagt, Gamze kann am 2. Mai beginnen
- -----
- verabschiedet sich
- -----

Partner B (Gamze)

Gamze geht in die 8. Klasse. Sie sucht einen Praktikumsplatz und bewirbt sich in einem Zoofachgeschäft, das viele Filialen in Europa hat. Sie hat einen Termin bei Frau Kahlo, der Leiterin der Personalabteilung.

- ------
- bewirbt sich um Praktikumsplatz im Mai
- -----
- Gamze: 14 Jahre alt, Schule: *Karlheinz-Böhm-Schule*, 8. Klasse - Lieblingsfächer: Englisch, Informatik - Herkunft Eltern: Vater: Irland, Mutter: Türkei
- -----
- spricht Deutsch, Englisch, Türkisch
- -----
- lernt in der Schule auch Französisch
- -----
- Praktikum letztes Jahr: Tierheim
- -----
- Dauer letztes Praktikum: 2 Wochen = 8. – 19. Februar
- -----
- geht mit Hunden aus Tierheim spazieren (SA)
- -----
- Warum die Richtige? Liebt Tiere, spricht mehrere Sprachen, möchte später in einem der Geschäfte arbeiten
- -----
- Stärken: zuverlässig, pünktlich, kann Verantwortung übernehmen (passt oft auf ihre kleinen Schwestern auf)
- -----
- Info über das Geschäft aus dem Internet: gibt es in ganz Europa - Geschäft spendet oft an Tierheime - Gamze findet das super.
- ------
- sagt, Tiere brauchen Hilfe der Menschen
- -----
- bedankt sich, freut sich
- -----
- verabschiedet sich

11 CHECK - Wie war das nochmal? *Bildpuzzle*

11 CHECK - Wie war das nochmal? *Bildpuzzle*

Wie geht es dir?	Wann geht der nächste Flug?	Wie lange dauert die Fahrt?	Möchten Sie das Shirt anprobieren?	Welche Schuhgröße haben Sie?
Wollen Sie umsteigen?	Wie alt sind Sie?	Wann sind Sie geboren?	Wann treffen wir uns?	Wie komme ich zum Bahnhof?
Haben Sie Geschwister?	Treiben Sie Sport?	Was kostet das?	Wieviel Uhr ist es?	Was möchten Sie essen?
Wo finde ich Bananen?	Ich bin krank und habe Halsschmerzen.	Kann ich einen Stift haben?	Kann ich etwas zu trinken haben?	Haben Sie das Shirt noch eine Nummer größer?

11 CHECK - Wie war das nochmal? *Bildpuzzle*

Die finden Sie in der Obst-abteilung. ↓	Ich verschreibe Ihnen Tabletten. ↓	Hier bitte, hier ist mein Füller. ↓	Gerne. Was möchten Sie denn trinken? ↓	Nein, es ist nur noch in S da. ↓
Ich habe zwei Brüder. ↓	Ja. Ich spiele Basketball. ↓	Das kostet 3,10 €. ↓	Es ist viertel vor sieben. ↓	Ich möchte ein belegtes Brötchen. ↓
Nein, ich möchte einen Direktzug. ↓	Ich bin 21 Jahre alt. ↓	Ich bin am 3. August 1999 geboren. ↓	Wir treffen uns am Dienstag. ↓	Nehmen Sie die 2. Straße links. ↓
Mir geht es gut, danke. ↓	Er geht um 14 Uhr. ↓	Sie dauert 3 Stunden. ↓	Ja, gerne. Wo sind die Um-kleidekabinen? ↓	Ich habe Größe 38. ↓

Lösungen

1 Selma zu Besuch bei Freundin Anni ★

Mutter: Hattest du eine gute Reise, Selma?

Selma: Ja. Der Zug war pünktlich. Aber ich musste 2 x umsteigen.

Mutter: Oh, wo denn?

Selma: In Mannheim und in Kassel.

Mutter: Gibt es da keinen Direktzug?

Selma: Doch, der ist aber teurer.

Mutter: Oh, ich verstehe. – Wie geht es deinen Eltern?

Selma: Mama hat eine neue Arbeit. Sie arbeitet im Kindergarten.

Mutter: Und wie geht es deinem Vater?

Selma: Ihm geht es gut. Er arbeitet viel, aber am Wochenende hat er immer Zeit für uns.

Mutter: Das ist schön. Was möchtest du denn frühstücken, Selma? Möchtest du ein Ei zum Frühstück?

Selma: Nein danke. Ich esse keine Eier. Aber Wurst und Käse wären toll.

Mutter: Wurst und Käse habe ich schon gerichtet. Was möchtest du trinken?

Selma: Oh, ich hätte gerne ein Glas Orangensaft.

Mutter: Hier bitte. Setz dich doch. Ich wecke mal Annie auf.

1 Mert zu Besuch bei Freund Jonas ★★ / ★★★

Mutter: Guten Morgen, Mert. Hast du gut geschlafen?

Mert: Ja danke. Ich habe wie ein Murmeltier geschlafen.

Mutter: Hattest du eine gute Reise? Wie war deine Zugfahrt?

Mert: Ich war sieben Stunden unterwegs und musste zweimal umsteigen.

Mutter: Wo musstest du denn umsteigen?

Mert: In Mannheim und in Hamburg.

Mutter: Ah ja. – Was möchtest du denn frühstücken, Mert?

Mert: Was habt ihr denn da?

Mutter: Wir haben Wurst, Käse, Obst, Marmelade, Honig und Nuss-Nougat-Crème.

Mert: Lecker! Dann hätte ich gerne ein Brot mit Nuss-Nougat-Crème.

Mutter: Oh, ich habe kein Brot mehr! Ich habe nur noch Knäckebrot. Da muss ich noch schnell zum Bäcker. Magst du lieber helles oder dunkles Brot?

Mert: Ich mag lieber dunkles Brot.

Mutter: Magst du ein Frühstücksei oder ein Spiegelei?

Mert: Nein, danke. Ich hätte gerne noch von den Trauben. Kann ich mir welche nehmen?

Mutter: Natürlich. Und was magst du trinken?

Mert: Ich hätte gerne einen Schwarztee.

Mutter: Mit Milch und Zucker?

Mert: Nur mit Zucker, bitte.

Mutter: Mert, kannst du bitte Jonas wecken, während ich schnell zum Bäcker gehe? Danach können wir alle zusammen frühstücken.

Mert: Ja, klar, das mache ich.

Mutter: Danke. Das ist lieb von dir.

Mert: Bitte sehr! Gern geschehen.

Lösungen

2 Ein T-Shirt für Sarah ★

Verkäuferin: Hallo. Kann ich euch helfen?

Sarah: Ich suche ein helles T-Shirt.

Verkäuferin: Oh, das tut mir leid. Heute Morgen habe ich das letzte in dieser Farbe verkauft.

Sarah: Welche Farben haben Sie denn da?

Verkäuferin: Wir haben gelbe, grüne, orangene und schwarze T-Shirts da.

Sarah: Orange würde mir gefallen. Können Sie mir diese zeigen?

Verkäuferin: Ja, hier im Regal. Welche Größe haben Sie?

Sarah: Größe S.

Verkäuferin: Es tut mir leid. Ich habe nur noch Größe M da. Wollen Sie es anprobieren?

Sarah: Ja. Wo sind die Umkleidekabinen?

Verkäuferin: Da hinten.

Sarah: *(kommt aus der Umkleide)* Es gefällt mir, aber es ist zu groß.

Verkäuferin: Wollen Sie eine andere Farbe nehmen?

Sarah: Nein danke. Ich schaue in einem anderen Geschäft nach einem hellen T-Shirt. Danke.

Verkäuferin: Bitte. Gern geschehen. Auf Wiedersehen.

Sarah, Hannah: Auf Wiedersehen.

2 Ein T-Shirt für Nico ★★ / ★★★

Verkäuferin: Hallo. Kann ich euch helfen?

Nico: Ich suche ein cooles Shirt.

Verkäuferin: Langarm oder Kurzarm?

Nico: Kurzarm. Es ist ja warm heute.

Verkäuferin: Ok. Da habe ich welche da drüben in dem Regal.

Nico: Hm. Die sind alle langweilig. Haben Sie auch T-Shirts mit Aufdruck?

Verkäuferin: Ja. Dort drüben habe ich ein T-Shirt mit Superman-Druck auf dem Rücken.

Nico: Ich möchte gerne den Druck vorne. Haben Sie so etwas da?

Verkäuferin: Ja. Ich habe noch T-Shirts mit coolem Brustdruck. Welche Größe haben Sie?

Nico: Größe L.

Verkäuferin: Kommen Sie mit. Welche Farbe hätten Sie denn gern?

Nico: Blau oder schwarz.

Verkäuferin: Oh. Das tut mir leid. Beide Farben sind nur noch in Größe M da.

Nico: Größe M ist zu klein. Haben Sie noch andere Shirts in meiner Größe?

Verkäuferin: Das T-Shirt fällt aber groß aus. Wollen Sie es mal anprobieren?

Nico: Ok. Dann möchte ich das schwarze anprobieren. Wo sind die Umkleidekabinen?

Verkäuferin: Die Treppe runter, dann links.

Nico: *(kommt aus der Umkleide zurück)* Es passt super. Das nehme ich! Was kostet das?

Verkäuferin: Das kostet 12 EUR.

Nico: *(bezahlt das Shirt)* Hier bitte.

Verkäuferin: Danke. Möchten Sie eine Tüte?

Nico: Nein danke. Auf Wiedersehen.

Verkäuferin: Danke. Auf Wiedersehen.

Lösungen

3 Im Supermarkt – Einkauf für die kranke Mutter ★

Tilda: Entschuldigung. Können Sie mir helfen? Ich kann nicht alle Lebensmittel finden, die ich brauche.

Verkäuferin: Ja, klar. Was brauchen Sie denn?

Tilda: Ich brauche Margarine, Joghurt, Käse und Milch.

Verkäuferin: Da gehen wir direkt zum Kühlregal.
(Tilda folgt ihr zum Kühlregal.)

Tilda: Super, da ist ja alles da!
(legt die Artikel in den Einkaufswagen)

Verkäuferin: Brauchen Sie sonst noch etwas?

Tilda: Ja. Ich brauche Bananen und Mangos für meine Mutter. Sie ist krank und braucht Vitamine.

Verkäuferin: Gut. Dann gehen wir jetzt zur Obsttheke.
(Tilda folgt ihr zur Obsttheke.)

Tilda: Die Mangos sind aber teuer. Haben Sie ein anderes Obst im Angebot?

Verkäuferin: Die grünen Äpfel hier sind heute im Angebot.
Das Kilo kostet 1,69 EUR.

Tilda: Das ist super. Sind sie saftig?

Verkäuferin: Ja, die sind süß und saftig.

Tilda: Ok. Dann habe ich jetzt alles.
Wo bitte ist die Kasse?

Verkäuferin: Die Kasse ist vorne bei den Eiern links.

Tilda: Vielen Dank. Auf Wiedersehen.

Verkäuferin: Gern geschehen! Gute Besserung an Ihre Mutter!

Tilda: Danke.

3 Im Supermarkt – Einkauf für die kranke Oma ★★ / ★★★

Joshua: Entschuldigung. Können Sie mir helfen? Ich kann nicht alle Lebensmittel finden, die ich brauche.

Verkäufer: Ja, klar. Was brauchen Sie denn?

Joshua: Ich brauche zuerst Margarine, Käse, Joghurt und Milch.

Verkäufer: Da gehen wir direkt zum Kühlregal.
(Joshua folgt ihm zum Kühlregal)

Joshua: Super. Hier ist ja alles! *(legt die Artikel in den Einkaufswagen)*
Dann brauche ich noch Mehl und Zucker.

Verkäufer: Das haben wir hier gleich rechts.

Joshua: Prima. Dann hätte ich gerne frisches Obst für meine Oma.

Verkäufer: Dann gehen wir zur Obsttheke.

Joshua: Oh. Sie haben eine große Auswahl. Ich nehme die Bananen.

Verkäufer: Gut. Sonst noch etwas Gesundes mit Vitaminen?

Joshua: Ja. Noch Äpfel. Sie haben ja viele Sorten!
Haben Sie welche im Angebot?

Verkäufer: Ja, die grünen dort sind heute im Angebot.

Joshua: Die gefallen mir. Ich hätte gerne 1 Kilo davon.

Verkäufer: Sie sind sehr saftig und schmecken süß.

Joshua: Das klingt gut. Nun möchte ich noch eine kleine Überraschung für meine Oma mitnehmen. Haben Sie auch Bücher?

Verkäufer: Ja, da vorne bei den Zeitschriften. Da haben wir Liebesromane und Tiergeschichten.

Joshua: Super! Meine Oma liebt Liebesromane! – Wo kann ich bezahlen?

Verkäufer: Dort vorne bei den Süßwaren sehen Sie die Kasse.

Joshua: Oh danke! Vielen Dank für Ihre Hilfe.

Verkäufer: Gern geschehen! Auf Wiedersehen.

Joshua: Auf Wiedersehen!

4 Nach dem Weg fragen – Neueröffnung bei *JOHNNY LOVES SPORTS* ★

Alfonso: Entschuldigung. Können Sie mir helfen?

Frau: (Sie hält an.) Ja bitte?

Alfonso: Heute eröffnet ein neues Sportgeschäft in der Stadt. Ich weiß aber nicht, wo es ist. Haben Sie davon gehört?

Frau: Ja, da komme ich gerade her. Das ist das neue, große Gebäude mitten in der Stadt. Das ist direkt am Marktplatz.

Alfonso: Oh, wo ist denn der Marktplatz?

Frau: Sie kennen den Marktplatz nicht?

Alfonso: Nein, ich bin nicht von hier. Ich bin mit dem Bus gekommen und war eine Stunde unterwegs.

Frau: Ah, ich verstehe. Also zum Marktplatz sind es etwa 10 Minuten zu Fuß.

Alfonso: Ok. In welche Richtung muss ich gehen?

Frau: Sie laufen die Straße entlang bis zur Kreuzung.

Alfonso: Ok. Muss ich die Kreuzung überqueren?

Frau: Nein, sie biegen an der Kreuzung links in die Straße ein. Das ist die *Hermann-Gmeiner-Straße*.

Alfonso: Ok. Und dann?

Frau: Dann überqueren Sie eine kleine Brücke.

Alfonso: Und nach der Brücke?

Frau: Nach der Brücke gehen Sie noch eine Weile geradeaus, bis sie den Marktplatz sehen. Dort sehen Sie das Rathaus mit der Turmuhr. Direkt daneben ist das neue Sportgeschäft.

Alfonso: Vielen Dank.

Frau: Gern geschehen! Die haben tolle Angebote heute.

4 Nach dem Weg fragen – *Asia Street Food Festival* in Bern ★★ / ★★★

Leni: Entschuldigung. Können Sie mir helfen?

Frau: *(Sie hält an.)* Ja bitte?

Leni: Ich möchte auf das *Asia Street Food Festival*. Können Sie mir sagen, wo das ist?

Frau: Ja, da komme ich auch gerade her. Das Essen ist super dort!

Leni: Ist es weit weg?

Frau: Nein, es sind 15 Minuten zu Fuß.

Leni: Kann ich die Straßenbahn nehmen?

Frau: Leider nein. Die Straßenbahn fährt heute nicht.

Leni: Ok. Dann gehe ich zu Fuß.

Frau: Da vorne am STOPP-Schild biegen Sie links in die Straße ein.

Leni: Ok. Und weiter?

Frau: Nach einer Weile sehen Sie eine Kreuzung. Die müssen Sie überqueren.

Leni: Und dann bin ich da?

Frau: Nein. Nach der Kreuzung gehen Sie die zweite Straße rechts. Dort sehen Sie das Stadttheater.

Leni: Und dort ist das Festival?

Frau: Noch nicht. Gehen Sie am Stadttheater vorbei. Nach 200 Metern hören Sie schon die Musik. Dort ist das Festival.

Leni: Kann ich unterwegs noch Geld wechseln? Ich habe nur EURO.

Frau: Das können Sie hier bei der POST. Das ist das große, weiße Gebäude gegenüber vom Bahnhof.

Leni: Vielen Dank für Ihre Hilfe. Einen schönen Tag noch.

Frau: Gern geschehen. Auf Wiedersehen! Und: Probieren Sie die Reisbällchen am Stand von Laos! Die sind sehr lecker!

Leni: *(lacht und winkt)* Danke! Das mache ich.

5 Im Restaurant – Hochzeitstag von Tamara und Arthur ★

Kellner: Guten Abend. Sie suchen einen Tisch?
Arthur: Mein Name ist *Schwarzkopf.* Ich habe einen Tisch am Fenster für zwei Personen reserviert.
Kellner: Ja. Bitte folgen Sie mir. – Hier ist Ihr Tisch. Bitte nehmen Sie Platz.
Arthur: Vielen Dank. - Oh. Das ist wirklich eine schöne Aussicht!
Kellner: Hier ist die Speisekarte. Darf ich schon ein Getränk bringen?
Arthur: Für meine Frau bitte ein Glas Apfelsaft. Für mich bitte ein Glas Rotwein.
Kellner: Gerne. *(Kellner geht und kommt nach einer Weile wieder zurück.)*
Kellner: Haben Sie gewählt? Was darf ich Ihnen bringen?
Arthur: Wissen Sie, heute ist unser fünfter Hochzeitstag. Wir möchten etwas ganz Besonderes. Können Sie uns etwas empfehlen?
Kellner: Oh, herzlichen Glückwunsch! Da kann ich Ihnen unseren Partnerteller AMOR für Verliebte empfehlen.
Arthur: Was ist das genau?
Kellner: Das ist Lachs mit Reisnudeln und Gemüse der Saison, dazu eine Avocadosauce.
Arthur: Das hätten wir gerne.
Kellner: Gerne. Möchten Sie noch einen Salat dazu?
Arthur: Ja. Ich hätte gerne einen Tomatensalat. Meine Frau möchte einen Linsensalat.
Kellner: *(serviert nach einer Weile das Essen)* Hier bitte.
(Arthur und Tamara essen. Als sie fertig sind, kommt der Kellner an den Tisch und räumt ab.)
Arthur: Es war sehr lecker. Vielen Dank.
Kellner: Danke. Möchten Sie noch ein Dessert?
Arthur: Ja, können Sie uns etwas empfehlen?
Kellner: Das Vanilleeis mit den heißen Himbeeren ist sehr lecker.
Arthur: Dann hätten wir gerne beide Vanilleeis mit heißen Himbeeren.
(Tamara und Arthur haben aufgegessen. Arthur deutet an, dass er bezahlen möchte.)
Arthur: Die Rechnung bitte. *(Kellner kommt mit Rechnung)*
Kellner: Das macht 62 EUR bitte.
Arthur: *(gibt dem Kellner ein paar Geldscheine)*
Hier bitte, 70 EUR. Der Rest ist für Sie.
Kellner: Vielen Dank. Ich wünsche Ihnen noch einen schönen Abend.
A. u T.: Danke gleichfalls. Auf Wiedersehen.
Kellner: Auf Wiedersehen.

5 Im Restaurant – Hochzeitstag von Yade und Justus ★★/★★★

Kellnerin: Guten Abend. Sie suchen einen Tisch?
Justus: Mein Name ist Santo. Ich habe einen Tisch für zwei Personen am Fenster mit Blick auf den Rhein und den Dom reserviert.
Kellnerin: Ja. Bitte folgen Sie mir. – Hier ist Ihr Tisch. Bitte nehmen Sie Platz.
Justus: Vielen Dank. Das ist wirklich eine tolle Sicht auf den Speyerer Dom!
Kellnerin: Hier ist die Speisekarte. Darf ich Ihnen schon ein Getränk bringen?
Justus: Für meine Frau bitte einen grünen Tee und für mich ein Glas Rotwein.
Kellnerin: Gerne. *(Kellnerin geht und kommt nach einer Weile wieder zurück)*
Kellnerin: Haben Sie gewählt? Was darf ich Ihnen bringen?
Justus: Wissen Sie, heute ist unser siebter Hochzeitstag. Wir möchten heute etwas ganz Besonderes essen. Können Sie uns etwas empfehlen?
Kellnerin: Oh, herzlichen Glückwunsch! Da kann ich Ihnen unseren Partnerteller HERZBLATT für Verliebte empfehlen.
Justus: Was ist das genau?
Kellnerin: Das ist Rumpsteak mit Salzkartoffeln auf Pflaumensoße, dazu Gemüse der Saison.
Justus: Können wir statt Rumpsteak auch Lachs dazu haben? Wir sind Vegetarier.
Kellnerin: Ja, sicher. Möchten Sie noch eine Vorspeise dazu?
Justus: Ja. Zweimal den Linsensalat mit Fetakäse bitte.
Kellnerin: *(serviert nach der Vorspeise den Partnerteller)*
Hier bitte, Ihr Partnerteller zum Hochzeitstag!
(Yade und Justus essen. Als sie fertig sind, kommt die Kellnerin an den Tisch und räumt ab.)
Justus: Das hat sehr gut geschmeckt. Vielen Dank.
Kellnerin: Danke. Möchten Sie noch ein Dessert oder einen Espresso?
Justus: Gerne ein Dessert. Können Sie uns etwas empfehlen?
Kellnerin: Das Walnusseis mit heißem Pflaumenwein ist sehr lecker.
Es ist hausgemacht.
Justus: Das klingt gut. Dann zwei Portionen bitte.
(Yade und Justus haben aufgegessen. Justus deutet an, dass er bezahlen möchte.)
Justus: Die Rechnung bitte. *(Die Kellnerin kommt mit der Rechnung.)*
Kellnerin: Das macht 62,50 EUR bitte. Wie möchten Sie bezahlen?
Bar oder mit Kreditkarte?
Justus: Bar. *(gibt der Kellnerin ein paar Geldscheine)*
Hier bitte, 70 EUR. Der Rest ist für Sie.
Kellnerin: Vielen Dank. Ich wünsche Ihnen noch einen schönen Abend.
Y, und J.: Danke gleichfalls. Auf Wiedersehen.
Kellnerin: Auf Wiedersehen.

Lösungen

6 Im Reisebüro – Hin- und Rückflug nach Bristol *(Großbritannien)* ★

Angestellter: Guten Morgen. Was kann ich für Sie tun?

Colin: Guten Morgen. Ich möchte einen Flug nach Bristol buchen.

Angestellter: Wann möchten Sie denn fliegen?

Colin: Am 3. Juli. Gibt es da noch freie Plätze?

Angestellter: Es gibt nur noch morgens freie Plätze. Die Flüge am Abend sind schon ausgebucht.

Colin: Sind die Flüge morgens denn sehr früh?

Angestellter: Ja. Der erste Flug geht um 7.45 Uhr. Sie sollten aber zwei Stunden früher am Flughafen sein.

Colin: Das ist wirklich sehr früh. Haben Sie keinen späteren Flug?

Angestellter: Doch, um 9.10 Uhr. Der ist aber teurer.

Colin: Dann nehme ich diesen Flug.

Angestellter: Dann sollten Sie bitte um 7.10 Uhr am Flughafen sein.

Colin: Ja, ok. Ich nehme den frühen Bus zum Flughafen.

Angestellter: Gut. Das macht dann 120 EUR.
Wie möchten Sie bezahlen? Bar oder mit Kreditkarte?

Colin: Bar. *(Er gibt dem Angestellten das Geld.)* Hier bitte.

Angestellter: Danke. Hier sind Ihre Tickets.

Colin: Dankeschön.

Angestellter: Auf Wiedersehen. Einen schönen Tag noch.

Colin: Danke gleichfalls. Auf Wiedersehen.

6 Im Reisebüro – Ferien in Irland ★★ / ★★★

Angestellter: Guten Morgen. Was kann ich für Sie tun ?

Meron: Guten Morgen. Wir möchten gerne für ein paar Tage nach Irland fliegen. Können Sie uns einen Flughafen in Irland empfehlen?

Angestellter: Das kommt darauf an, wohin Sie wollen.

Meron: Wir möchten in den Westen. Dort ist die Landschaft am schönsten, haben unsere Freunde gesagt.

Angestellter: Nun, der Ring of Kerry ist besonders schön. Das ist die Küstenstraße. Von dort aus haben Sie einen gigantischen Ausblick.

Meron: Ja, dort möchten wir gerne hin. Welcher Flughafen ist dann am nächsten?

Angestellter: Das ist der Kerry Airport.

Meron: Gibt es morgen noch zwei Flüge nach Kerry? Und wie kommen wir vom Flughafen zum *Ring of Kerry*?

Angestellter: Ja. Morgen um 8.45 Uhr sind noch zwei Flüge frei.
Am Flughafen in Kerry können Sie ein Auto mieten und an die Küste fahren.

Meron: Das klingt super!

Angestellter: Wollen Sie auch ein Hotelzimmer buchen?

Meron: Nein danke. Das machen wir, wenn wir dort sind.

Angestellter: Wollen Sie auch den Rückflug buchen?

Meron: Nein danke. Ich weiß noch nicht, wann wir zurückfliegen.

Angestellter: Dann sind das 160 £ für die beiden Flüge.

Meron: Kann ich mit Kreditkarte bezahlen?

Angestellter: Nein, heute leider nicht. Das Kartenlesegerät funktioniert nicht.

Meron: Ok. Hier bitte. *(Meron gibt 200 £.)*

Angestellter: Danke. Und hier sind die Tickets *(Angestellter gibt 40 £ zurück)* und Ihr Rückgeld.

Meron: Danke. Auf Wiedersehen.

Angestellter: Auf Wiedersehen. Guten Flug.

Lösungen

7 Am Bahnhof – Eine Fahrkarte nach Hamburg ★

Helin: Guten Tag. Wann fahren denn morgen Züge nach Hamburg?

Angestellter: Guten Tag. Wann möchten Sie denn fahren?

Helin: Nicht ganz so früh. Gegen 10 Uhr.

Angestellter: Es fährt ein Zug um 8 Uhr und einer um 11 Uhr.

Helin: Dann nehme ich den Zug um 11 Uhr. Muss ich da umsteigen?

Angestellter: Ja. Sie müssen dreimal umsteigen.

Helin: Oh nein! Haben Sie keinen besseren? Ich möchte nicht umsteigen!

Angestellter: Der Zug um 8 Uhr ist ein Direktzug. Da müssen Sie nicht umsteigen. Der ist Ihnen zu früh?

Helin: Nein, dann nehme ich den Zug um 8 Uhr.

Angestellter: Sie können dann ja noch im Zug schlafen.

Helin: Ja. Das ist richtig. Wieviel kostet die Fahrkarte?

Angestellter: Einfache Fahrt?

Helin: Nein. Hin- und Rückfahrt.

Angestellter: Das kostet 93 EURO.

Helin: Kann ich bar bezahlen?

Angestellter: Aber natürlich.

Helin: Hier bitteschön. *(Helin gibt ihm das Geld.)*

Angestellter: Danke. Und hier ist Ihre Fahrkarte. *(Er gibt Helin die Karte.)*

Helin: Dankeschön. Einen schönen Tag noch.

Angestellter: Danke. Gleichfalls. Gute Fahrt.

7 Am Bahnhof – Eine Fahrkarte nach Berlin ★★ / ★★★

Mattheo: Guten Tag. Wann fahren denn morgen Züge nach Berlin?

Angestellter: Guten Tag. Wann möchten Sie denn fahren?

Mattheo: Ich möchte nicht so früh fahren. Gegen 10 Uhr wäre gut.

Angestellter: Es fährt ein Zug um 8.30 Uhr und einer um 11.15 Uhr.

Mattheo: Dann nehme ich den Zug um 11.15 Uhr. Muss ich da umsteigen?

Angestellter: Ja. Sie müssen dreimal umsteigen.

Mattheo: Oh nein. Gibt es keinen Direktzug?

Angestellter: Doch. Der frühe Zug um 8.30 Uhr ist ein Direktzug. Da müssen Sie nicht umsteigen.

Mattheo: Gut. Ich nehme diesen Zug.

Angestellter: Wollen Sie einen Sitzplatz reservieren?

Mattheo: Ist das nötig?

Angestellter: Am Wochenende ist im Zug viel los. Ich würde es machen.

Mattheo: Gut. Dann mache ich das. Wie lange dauert die Fahrt?

Angestellter: Sie dauert genau 6 Stunden.

Mattheo: Also komme ich um 14.30 Uhr in Berlin an.

Angestellter: Ja. Um 14.30 Uhr auf Gleis 8.

Mattheo: Gut. Wieviel kostet die Fahrkarte?

Angestellter: Einfache Fahrt?

Mattheo: Nein. Hin- und Rückfahrt.

Angestellter: Wann wollen Sie zurückfahren?

Mattheo: Am Sonntag gegen 14 Uhr.

Angestellter: OK. Da fährt ein Direktzug um 14.10 Uhr. Nehmen Sie den?

Mattheo: Ja. Das passt prima.

Angestellter: Dann sind das 144 EURO.

Mattheo: *(Er gibt ihm 150 EUR.)* Hier bitteschön.

Angestellter: Danke. Und hier ist Ihre Fahrkarte und Ihr Rückgeld. *(Er gibt Mattheo 6 EUR.)*

Mattheo: Danke. Einen schönen Tag noch.

Angestellter: Danke. Gleichfalls. Auf Wiedersehen.

8 Beim Arzt – Angina ★

Dr. Pust: Hallo Amir. Wie fühlst du dich? Warum kommst du zu mir?

Amir: Hallo Herr Doktor. Ich fühle mich gar nicht gut. Ich habe starke Halsschmerzen beim Reden.

Dr. Pust: Dann mach‘ mal bitte den Mund auf. Ich schaue mal hinein.

Amir: Und ich habe immer Durst.

Dr. Pust: Oh, da ist alles rot! Das sieht nicht gut aus. Hast du Fieber?

Amir: Ich weiß nicht. Die Hände und die Füße sind kalt.

Dr. Pust: Hast du Kopfschmerzen?

Amir: Nein. Heute nicht. Ich hatte gestern Kopfschmerzen.

Dr. Pust: Oh. Deine Ohren sind ganz rot. Ich schaue mal in deine Ohren.

Amir: Ja, ich habe Ohrenschmerzen.

Dr. Pust: Oh, da ist alles rot. – Also du hast eine Angina.

Amir: Was kann man da tun?

Dr. Pust: Ich stelle dir ein Rezept aus. Damit gehst du zur Apotheke.

Amir: Was ist das?

Dr. Pust: Du bekommst ein Spray für den Hals und Ohrentropfen.

Amir: Ich fühle mich so schwach.

Dr. Pust: Zuhause nimmst du deine Medizin. Und dann legst du dich ins Bett.

Amir: Ja, ok. Danke, Herr Doktor.

Dr. Pust: Gern geschehen. Auf Wiedersehen.

Amir: Auf Wiedersehen.

8 Beim Arzt – Magen verdorben? ★★ / ★★★

Dr. Kleem: Guten Tag, Edona. Was kann ich für dich tun? Wie geht es dir?

Edona: Guten Tag. Mir geht es nicht gut.

Dr. Kleem: Das sehe ich. Ja, du bist ganz blass.

Edona: Mir ist übel. Ich habe mich letzte Nacht übergeben und habe starke Bauchschmerzen.

Dr. Kleem: Oh. – Hast du auch Fieber?

Edona: Nein, meine Stirn ist nicht heiß.

Dr. Kleem: Ok. – Hast du Durchfall, Edona?

Edona: Letzte Nacht hab ich Durchfall gehabt. Jetzt nicht mehr. Jetzt habe ich Bauchkrämpfe.

Dr. Kleem: Das ist ein verdorbener Magen. Was hast du gestern gegessen?

Edona: Da habe ich einen grünen Salat mit Joghurtsauce gegessen.

Dr. Kleem: Und danach haben die Bauchschmerzen angefangen?

Edona: Ja, richtig. Nach dem Essen.

Dr. Kleem: Gestern war ein heißer Tag. Vielleicht war die Joghurtsauce zuvor nicht im Kühlschrank. Milchprodukte muss man immer kühlen!

Edona: Sie hat auch wirklich nicht gut geschmeckt!

Dr. Kleem: Edona, ich stelle dir ein Rezept aus. Die Medizin wird dir schnell helfen.

Edona: Was ist das?

Dr. Kleem: Das sind Tabletten gegen deine Übelkeit und die Bauchschmerzen.

Edona: Danke. Wo ist die nächste Apotheke?

Dr. Kleem: Vorne an der Ampel. Da siehst du ein rotes Haus. Das ist die Apotheke.

Edona: Danke, Herr Doktor. Ich trinke zuhause einen warmen Tee.

Dr. Kleem: Ja, und danach legst du dich ins Bett.

Edona: Ja, das mache ich.

Dr. Kleem: Dann wünsche ich dir gute Besserung.

Edona: Dankeschön. Auf Wiedersehen.

Dr. Kleem: Gerne. Auf Wiedersehen.

9 Bei der Polizei – Geldbeutel gestohlen ★

Polizist: Guten Morgen. Wie kann ich Ihnen helfen?

Rinat: Ich möchte einen Diebstahl anzeigen.

Polizist: Was wurde denn gestohlen?

Rinat: Mein Geldbeutel. Er ist nicht mehr da!

Polizist: Wann haben Sie ihn das letzte Mal gesehen?

Rinat: Heute Morgen beim Bäcker.

Polizist: Und wann haben Sie gemerkt, dass er fehlt?

Rinat: Vorhin am Kiosk. Da wollte ich mir ein Eis kaufen.

Polizist: Wie sieht der Geldbeutel denn aus?

Rinat: Er ist aus braunem Leder.

Polizist: Hat er irgendwelche Besonderheiten?

Rinat: Ja. Er hat einen Reißverschluss und einen Sticker mit einem Eichhörnchen.

Polizist: Gut. Dann brauche ich Ihre Personalien. Name, Adresse, Geburtsdatum und Telefon.

Rinat: Mein Name ist Rinat Kurumli.
Ich wohne in der Beethovenstraße 55 in Musterstadt.
Ich bin am 11. Oktober 2000 geboren.
Meine Telefonnummer ist 08768/15428501.

Polizist: Danke. Wir melden uns, sobald wir etwas erfahren.

Rinat: Danke. Auf Wiedersehen.

Polizist: Kein Problem. Auf Wiedersehen.

9 Bei der Polizei – Geldbeutel aus Rucksack gestohlen ★★ / ★★★

Polizist: Guten Morgen. Wie kann ich Ihnen helfen?

Acelya: Ich möchte einen Diebstahl anzeigen.

Polizist: Was wurde denn gestohlen?

Acelya: Mein Geldbeutel! Er ist nicht mehr da!

Polizist: Wann haben Sie ihn das letzte Mal gesehen?

Acelya: Das war heute Morgen. Da war ich beim Bäcker.

Polizist: Und wann haben Sie bemerkt, dass er fehlt?

Acelya: Vor einer Stunde. Da wollte ich mir Pommes holen.

Polizist: Ok. Wie sieht Ihr Geldbeutel denn aus?

Acelya: Er ist aus Leder und braun.

Polizist: Solche gibt es viele! Hat er irgendwelche Besonderheiten? – Sticker, Reißverschluss, Streifen oder so?

Acelya: Ja. Er hat einen Reißverschluss.

Polizist: Fällt Ihnen noch ein Merkmal ein?

Acelya: Der Geldbeutel hat einen Sticker mit einem Eichhörnchen. Das ist mein Lieblingstier!

Polizist: Wo könnten Sie ihn denn verloren haben? Haben Sie eine Idee?

Acelya: Am Pommes-Stand hat mich ein junger Mann angesprochen. Er hat mich nach dem Weg zum Kino gefragt.

Polizist: Was haben Sie dann gemacht?

Acelya: Ich habe mein Smartphone herausgenommen und ihm darauf den Weg gezeigt.

Polizist: Wo war denn das Smartphone?

Acelya: Mist! Es war in meinem Rucksack.

Polizist: Haben Sie den Rucksack wieder verschlossen?

Acelya: Nein! Ich habe ihn aufgelassen.

Polizist: War auch der Geldbeutel im Rucksack?

Acelya: Ja! Ich denke, der Mann hat ihn mir herausgenommen.

Polizist: Hm. Können Sie den Mann beschreiben?

Acelya: Nein. Ich erinnere mich nicht.

Polizist: Dann gibt es nicht viel Hoffnung.

Acelya: Was können wir jetzt tun?

Polizist: Was war denn im Geldbeutel?

Acelya: 20 EUR, meine Busfahrkarte und mein Schlüssel.

Polizist: Ich nehme jetzt ihre Personalien auf: Name? Geburtstag? Adresse? Telefon?

Acelya: Mein Name ist: Acelya Yildiz. Ich bin am 12. April 2000 geboren und wohne in der Mozartstraße 55 in Musterstadt.

Polizist: Ihre Telefonnummer?

Acelya: 08785/1411501

Polizist: Ok. Danke. Wir melden uns, wenn es Neues gibt.

Acelya: Gut, vielen Dank. Auf Wiedersehen.

Polizist: Keine Ursache. Auf Wiedersehen.

Lösungen

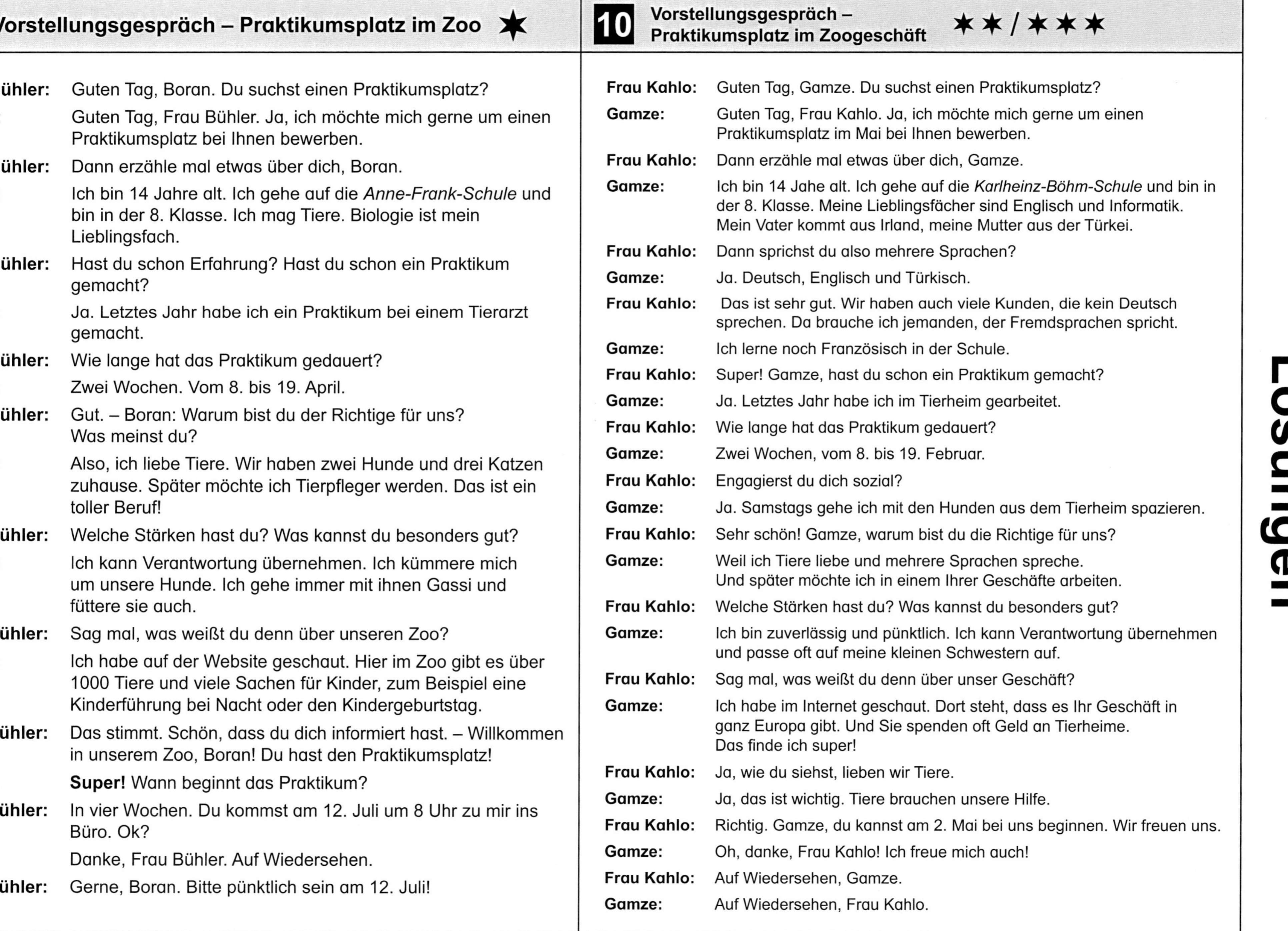

10 Vorstellungsgespräch – Praktikumsplatz im Zoo ★

Frau Bühler: Guten Tag, Boran. Du suchst einen Praktikumsplatz?

Boran: Guten Tag, Frau Bühler. Ja, ich möchte mich gerne um einen Praktikumsplatz bei Ihnen bewerben.

Frau Bühler: Dann erzähle mal etwas über dich, Boran.

Boran: Ich bin 14 Jahre alt. Ich gehe auf die *Anne-Frank-Schule* und bin in der 8. Klasse. Ich mag Tiere. Biologie ist mein Lieblingsfach.

Frau Bühler: Hast du schon Erfahrung? Hast du schon ein Praktikum gemacht?

Boran: Ja. Letztes Jahr habe ich ein Praktikum bei einem Tierarzt gemacht.

Frau Bühler: Wie lange hat das Praktikum gedauert?

Boran: Zwei Wochen. Vom 8. bis 19. April.

Frau Bühler: Gut. – Boran: Warum bist du der Richtige für uns? Was meinst du?

Boran: Also, ich liebe Tiere. Wir haben zwei Hunde und drei Katzen zuhause. Später möchte ich Tierpfleger werden. Das ist ein toller Beruf!

Frau Bühler: Welche Stärken hast du? Was kannst du besonders gut?

Boran: Ich kann Verantwortung übernehmen. Ich kümmere mich um unsere Hunde. Ich gehe immer mit ihnen Gassi und füttere sie auch.

Frau Bühler: Sag mal, was weißt du denn über unseren Zoo?

Boran: Ich habe auf der Website geschaut. Hier im Zoo gibt es über 1000 Tiere und viele Sachen für Kinder, zum Beispiel eine Kinderführung bei Nacht oder den Kindergeburtstag.

Frau Bühler: Das stimmt. Schön, dass du dich informiert hast. – Willkommen in unserem Zoo, Boran! Du hast den Praktikumsplatz!

Boran: **Super!** Wann beginnt das Praktikum?

Frau Bühler: In vier Wochen. Du kommst am 12. Juli um 8 Uhr zu mir ins Büro. Ok?

Boran: Danke, Frau Bühler. Auf Wiedersehen.

Frau Bühler: Gerne, Boran. Bitte pünktlich sein am 12. Juli!

10 Vorstellungsgespräch – Praktikumsplatz im Zoogeschäft ★★ / ★★★

Frau Kahlo: Guten Tag, Gamze. Du suchst einen Praktikumsplatz?

Gamze: Guten Tag, Frau Kahlo. Ja, ich möchte mich gerne um einen Praktikumsplatz im Mai bei Ihnen bewerben.

Frau Kahlo: Dann erzähle mal etwas über dich, Gamze.

Gamze: Ich bin 14 Jahe alt. Ich gehe auf die *Karlheinz-Böhm-Schule* und bin in der 8. Klasse. Meine Lieblingsfächer sind Englisch und Informatik. Mein Vater kommt aus Irland, meine Mutter aus der Türkei.

Frau Kahlo: Dann sprichst du also mehrere Sprachen?

Gamze: Ja. Deutsch, Englisch und Türkisch.

Frau Kahlo: Das ist sehr gut. Wir haben auch viele Kunden, die kein Deutsch sprechen. Da brauche ich jemanden, der Fremdsprachen spricht.

Gamze: Ich lerne noch Französisch in der Schule.

Frau Kahlo: Super! Gamze, hast du schon ein Praktikum gemacht?

Gamze: Ja. Letztes Jahr habe ich im Tierheim gearbeitet.

Frau Kahlo: Wie lange hat das Praktikum gedauert?

Gamze: Zwei Wochen, vom 8. bis 19. Februar.

Frau Kahlo: Engagierst du dich sozial?

Gamze: Ja. Samstags gehe ich mit den Hunden aus dem Tierheim spazieren.

Frau Kahlo: Sehr schön! Gamze, warum bist du die Richtige für uns?

Gamze: Weil ich Tiere liebe und mehrere Sprachen spreche. Und später möchte ich in einem Ihrer Geschäfte arbeiten.

Frau Kahlo: Welche Stärken hast du? Was kannst du besonders gut?

Gamze: Ich bin zuverlässig und pünktlich. Ich kann Verantwortung übernehmen und passe oft auf meine kleinen Schwestern auf.

Frau Kahlo: Sag mal, was weißt du denn über unser Geschäft?

Gamze: Ich habe im Internet geschaut. Dort steht, dass es Ihr Geschäft in ganz Europa gibt. Und Sie spenden oft Geld an Tierheime. Das finde ich super!

Frau Kahlo: Ja, wie du siehst, lieben wir Tiere.

Gamze: Ja, das ist wichtig. Tiere brauchen unsere Hilfe.

Frau Kahlo: Richtig. Gamze, du kannst am 2. Mai bei uns beginnen. Wir freuen uns.

Gamze: Oh, danke, Frau Kahlo! Ich freue mich auch!

Frau Kahlo: Auf Wiedersehen, Gamze.

Gamze: Auf Wiedersehen, Frau Kahlo.